VIA DE

LA GUIDA COMPLETA

Testi, cartografia e impaginazione di
Alessandro Carnevali aka The Walking Nose su Youtube

Illustrazione di copertina di Federica Carioli (@feduzzi)

BOLOGNA

Sasso Marconi

Brento

Monzuno

M. Dei Fornelli

P. Della Futa

Sant'Agata

S. Piero a Sieve

Bivigliano

Fiesole

FIRENZE

LEGENDA

▬▬	Via degli Dei
══	Strade
● ● ● ● ●	Sentieri
🚰	Fontana
⛱	Area Picnic
🛏	B&B, Albergo o Affittacamere
🍴	Ristorante o trattoria
⛺	Campeggio o posto tenda
✚	Farmacia
🧺	Alimentari o Supermercato
⚱	Sito archeologico
📵	Assenza di segnale
🚰	Fonte naturale

0   250   500 m

▬▬▬▬▬▬▬

Scala 1:25000

Curve di livello
equidistanza 25m

Altimetria del percorso

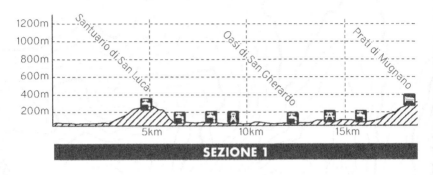

Santuario di San Luca · Oasi di San Gherardo · Prati di Mugnano

SEZIONE 1

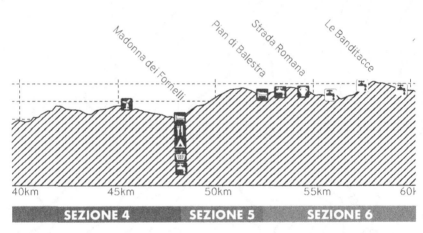

Madonna dei Fornelli · Pian di Balestra · Strada Romana · Le Banditacce

SEZIONE 4 **SEZIONE 5** **SEZIONE 6**

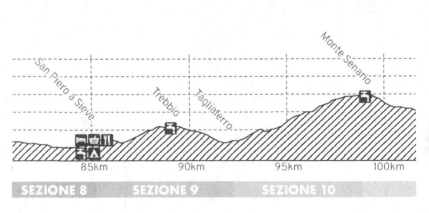

San Piero a Sieve · Trebbio · Tagliaferro · Monte Senario

SEZIONE 8 **SEZIONE 9** **SEZIONE 10**

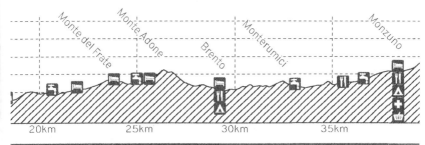

SEZIONE 2   **SEZIONE 3**

SEZIONE 7

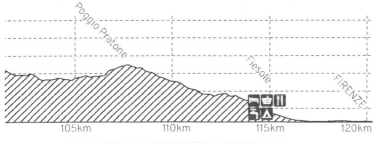

SEZIONE 11

Tabella A - Strutture Ricettive

Comune di Sasso Marconi	Telefono	🛏	🍴	🧺	⛺	🏠
Agriturismo Colliva: Via Colliva 12	051 841853	✓	✓	✓	✓	✓
IL Balcone di Lali – Garden sharing: Via Colliva 14	051 0540741			✓	✓	✓
B&B Rio Conco: Via Rio Conco 6	051 8470723 / 34 1434529	✓		✓		✓
B&B Prati di Mugnano: Via Vizzano 6	051 841109	✓		✓		✓
B&B Nova Arbora: Via di Badolo 35, Loc. Badolo	051 847581 / 347 3168937	✓		✓		✓
Agriturismo Piccola Raieda: Via Brento 3 Loc. Badolo	320 0373362 / 335 5937535	✓	✓	✓	✓	✓
B&B Sulla Via degli Dei: Via Brento 11, Loc. Brento	340 3807128 / 328 3329685	✓		✓		✓

Comune di Monzuno	Telefono	🛏	🍴	🧺	⛺	🏠
Circolo Monte Adone: Via dello Sport 1, Loc. Brento	051 677 5125		✓	✓	✓	✓
B&B Sulla strada degli Dei a Brento : Via Vallazza di Brento 9	3358153182	✓		✓		
Agriturismo Ca' di Mazza : Via Brento 199/2	335 7267958	✓	✓	✓		✓

Comune di Monzuno	Telefono	🛏	🍴	▯	△	⛺
B&B I Falchi Pellegrini: Strada Provinciale 59, 6	346 0810060	✓		✓	✓	✓
B&B La Collina di Ameral: Via Buonarroti 1	339/3726190	✓		✓		
B&B Domus degli Dei: Via Capezzale 3	340 5523396	✓		✓		
B&B Dimora dei Folletti : Via della Rinascita,16	346 5296089	✓		✓		
R&B Ostello degli Dei: Piazza XXIV Maggio 2/A	338 1266210	✓		✓		
Albergo Ristorante Montevenere: Via L. Casaglia 5	051 6770548	✓	✓	✓		✓
Area sosta Tende Pantheon: Via Campagne sn	339/3726190				✓	✓
B&B bellatmosfera Via Vallazza 1 Brento Monzuno	3471631892	✓	✓	✓		✓

Madonna dei Fornelli	Telefono	🛏	🍴	▯	△	⛺
B&B Mappamundi: Via Di Casigno 5	348 0901566 333 2909668	✓		✓		
Albergo Ristorante Musolesi: Piazza Madonna della Neve 4	0534 94156 0534 94100	✓	✓	✓		✓
Albergo Ristorante Poli: Piazza Madonna della Neve 5/B	0534 94114	✓	✓	✓	✓	✓
R&B Romani: Piazza Madonna della Neve 13	0534 94113 3277763868	✓	✓	✓		✓
Appartamento degli Dei: Via Firenze 24/B	392 1386938	✓		✓		

Madonna dei Fornelli	Telefono	🛏	🍴	🚰	⛺	🏠
Appartamento La Rosa dei Venti: Via Fornello 13	328 1586399	✓				
B&B Casina dei Romani: Via del Monte 2	3316203207	✓				
B&B Ca' Di Beppe: Via Sambro 10	320493147	✓	✓			
Borgo del Fornello Relax B&B : Via Bologna 75	0534 667927 3924431264	✓				
Casa Mikhael: Via Savena 16/B, Madonna dei Fornelli	371 4227528	✓			✓	

Passo della Futa	Telefono	🛏	🍴	🚰	⛺	🏠
Agriturismo Il Passeggere: Via Bruscoli Passeggere 1438	3666446263	✓	✓	✓		
Campeggio La Futa: Via Bruscoli Futa, 889h Firenzuola	3331148501 3289248746		✓	✓	✓	✓

Santa Lucia	Telefono	🛏	🍴	🚰	⛺	🏠
Albergo Ristorante Il Sergente: Via S. Lucia 26, Loc. Monte di Fò	055 8423127	✓	✓	✓		✓
Camping Il Sergente: Via S.Lucia 24/a, Loc. Monte di Fo'	0558423018 328 9851849	✓	✓	✓	✓	✓
Albergo Ristorante Gualtieri: Via S. Lucia 5, Loc Santa Lucia	055 8423163	✓	✓	✓		✓

San Piero a Sieve	Telefono	🛏	🍴	🚰	⛺	🏠
Affittacamere Al Mulino : Via San Francesco,7 loc .Sant'Agata	055 8406648 346 6621675	✓		✓		

San Piero a Sieve	Telefono	🛏	🍴	🍷	⛺	🏠
Affittacamere La Stazione: Via della Stazione 11, San Piero a Sieve	392 7045729	✓		✓		
Affittacamere la Terrazza: Via Provinciale ,62 San Piero a Sieve	340 9348495 346 4250486	✓		✓		
Affittacamere La Via degli Dei: Via Domenico Trifilò 1	338 5006348 347 3209393	✓		✓		
B&B Tagliaferro: Località Tagliaferro, 7	340 1233266	✓		✓		
Albergo La Felicina: Piazza Colonna, 14, San Piero a Sieve	055 8498181	✓	✓			✓
Albergo Ristorante Ebe: Via Provinciale 1, San Piero a Sieve	055 8498333 055 848019	✓	✓	✓		✓
Appartamento Poderuzzo: loc.Tagliaferro,16b/17	339 2201102	✓		✓		
Appartamento Nonna Mary : Via dei Giardini 1, San Piero a Sieve	348 9021636 3338881959	✓		✓		
B&B Elisir Toscana: Loc. Tagliaferro 23, Scarperia	3465529608	✓		✓		
B&B Il Nido di Gabbiano: Via di Gabbiano, 15, Loc. Gabbiano	340 5473750	✓		✓		
B&B Intorno Firenze: Piazza A. Gramsci 1, San Piero a Sieve	3409348495	✓		✓		
B&B La gabbianella e i gatti: Loc. Gabbiano 10, San Piero a Sieve	055 846491 335 1246573	✓				
B&B La Pieve: Via Provinciale 34, San Piero a Sieve	055 8487182 3497666745	✓		✓		✓
B&B Vacanze in Mugello: Via Provinciale 50, San Piero a Sieve	347 5588512	✓		✓		

San Piero a Sieve	Telefono					
Campeggio Mugello verde: Via Massorondinaio, 39, San Piero a Sieve	055 848511	✓	✓			✓
Walk & Race : Località Gabbiano 11 - Scarperia e San Piero	3281499154	✓		✓		✓

Tra San Piero e Fiesole	Telefono	🛏	🍴	🚪	⛺	🏠
Affittacamere Casa Palmira: Loc. Feriolo – Il Laghino Mulinaccio	0558409749 3930718990	✓		✓		
B&B Cortevecchia: Via Corte Vecchia 124, Bivigliano	055 406743 335 361193	✓		✓		
Dimore del Pellegrino -Alloggi a Biviliano	3291958254	✓		✓		
Casa Martina : Via Roma 202 loc. Bivigliano	3356412423	✓		✓		✓
Hotel Giotto Park: Via Roma, 69, Bivigliano	055 40660 377 9083801	✓	✓			
La Locanda di Bivigliano: Via Fittaccia 5 , Bivigliano	055 406893	✓	✓	✓		✓
Camping Poggio Degli Uccellini: Via Poggio Uccellini Bivigliano	055 406725			✓	✓	✓

Tra San Piero e Fiesole	Telefono	🛏	🍴	🚪	⛺	🏠
B&B Antiche Scale: Via delle Cannelle 1	0550604814	✓		✓		
B&B Le Cannelle: Via Gramsci 54/56	338 331537	✓		✓		
Residence Fiesole: Via degli Artigiani, 1	055599417 3311654661	✓		✓		

Diario di alloggio

Perché non segnare i posti dove ti vuoi fermare?
Puoi anche tornare qui e scrivere le tue esperienze
dopo aver dormito in uno dei bellissimi posti lungo la
via che sia stato in b&b o in tenda.

....
....
....
....
....
....
....
....
....
....
....
....
....
....
....
....
....
....
....
....
....
....
....
....
....
....
....
....
....
....
....
....
....
....
....
....

1. INTRODUZIONE

Importante!

La prima volta che sono partito per la Via Degli Dei nel 2015 con uno zaino da 80L pieno fino all'orlo insieme a due amici non avrei mai lontanamente immaginato di potermi trovare un giorno a scrivere questa guida. All'epoca volevo fare il fotografo e sarebbe stato molto più facile vedermi in futuro a pubblicare le mie foto su una rivista di trekking. Quella volta feci 4 fotografie che ritraevano me i miei amici davanti ad un'area di smaltimento rifiuti, noi davanti alla nostra tenda semi distrutta e gocciolante dalla pioggia della notte prima, sempre noi in cima a Monte Adone e infine noi che dopo esserci persi per quasi 3 ore, prendiamo un

autobus per tornare a Bologna. Sconfitti da quel percorso che ci sembrava così alla nostra portata ma che in realtà non lo era affatto.

Dopo un mese di ricerche forsennate su internet sono ripartito con altri due amici. In spalla uno zaino che pesava si e no la metà di quello del mese prima e in testa la certezza che questa volta sarei riuscito ad arrivare a Firenze. In un giorno abbiamo percorso la distanza che durante la prima spedizione era stata completata in due.
Il secondo giorno però il ginocchio destro mi abbandona. Mentre i miei compagni erano all'interno della Crai di Monzuno ho preso la decisione di tornare a casa in autobus. Li ho lasciati lì con la mia voglia di concludere la Via degli Dei e 2kg di Campagnole appena comprate.

Ora non sembra poi tanto strano che in quell'estate di 6 anni fa l'idea di scrivere questa guida non potesse minimamente nascere. In quell'estate avevo scoperto la frustrazione più nera. Quella di avere un corpo che non mi poteva portare dove avrei voluto andare.

In tutto ciò io a Firenze ero convinto che un giorno a piedi ci sarei arrivato.

Una scommessa e 120km di dolori lancinanti alle ginocchia dopo sono arrivato a Firenze il 3 Giugno 2016.

Oggi dopo aver percorso più di 8 volte la Via degli Dei in ogni condizione climatica e dopo aver portato gruppi di camminatori lungo questo sentiero, mi sento quasi obbligato a scrivere una guida che avrei volentieri voluto regalare al me stesso del passato prima di fare tutti quegli errori.

Questa guida è un po' un sperimentale. Non perché le informazioni al suo interno non siano corrette, aggiornate o perché vi stia usando come ignare cavie di un esperimento malvagio.

Dato che è la prima volta che scrivo una guida perché non farla un po' diversa dal solito?
Questa serve a fornire indicazioni, portare alla meta, dare consigli, guidare. C'è una cosa però che non mi soddisfa di quelle che ho letto nel corso di questi anni. Le guida cartacea si impongono di essere quasi come una guida in carne e ossa. Io sono una guida in carne e ossa e so cosa voglia dire aggiustare le tappe, le pause, il rifornimento di cibo e di acqua durante un trekking e assecondare le esigenze dei camminatori che porto con me.

Per questo motivo questa guida non sarà un oggetto intriso di proprietà magiche che vi guiderà lungo il percorso (farà un po' anche quello). Inamovibile nella sua divisione in tappe, nelle soste e nella pause, dove dormire e dove mangiare.

Questo libro si prefigge l'ambizioso compito di rendervi il più possibile guida di voi stessi.

Come fare?

Questa non è la vostra solita guida.
Non è divisa in tappe.
Non vi dice quando fermarvi.
Non vi limita nelle scelte.

Questa guida vi aiuterà ad organizzare la Via degli Dei secondo le vostre esigenze.

La parte più corposa di questa guida sarà dedicata alla descrizione meticolosa del percorso dove saranno indicati tutti i punti di interesse per i camminatori: acqua, cibo, posti dove fermarsi a dormire e i miei spot preferiti dove piantare la tenda (nel rispetto della natura).

Questo capitolo, come accennato sopra non sarà diviso in tappe questo per permettervi di "leggere" il percorso in modo fluido e privo di interruzioni.

Un capitolo a parte sarà interamente dedicato alle divisioni in tappe. Vi proporrò numerose divisioni che potranno fungere da linee guida per permettervi di trovare il modo migliore di percorrere la vostra Via degli Dei, non quella della guida che avete acquistato.

C'è chi vuole farla in tenda spendendo il meno possibile in 5 giorni, chi in 4, chi desidera farla in 6 giorni in b&b. Spero di riuscire a creare un catalogo di divisioni in tappe abbastanza ampio da potervi dare modo di scegliere quella più adatta a voi. E se per caso questa non dovesse esserci avrete un ampio catalogo di divisioni da cui prendere spunto.

Da dove nasce? (un po' di storia)

Per scovare l'origine di questo percorso dobbiamo andare molto indietro nel tempo. È difficile per me sintetizzare la complessità della creazione di una via tanto affascinante come questa. Un po' come nel paradosso dell'uovo e della gallina non è possibile per noi decidere se è stato l'uomo a creare il sentiero o l'animale che l'ha guidato ad esso.

Sappiamo però che prima delle grandi strade romane erano presenti altre strade commerciali etrusche, lastricate e vallive per permettere ai carri di procedere in lunghe carovane. Dove però la sicurezza di non essere attaccati da predoni o travolti dalle torrenziali piogge autunnali venivano a mancare il sentiero di crinale era la scelta migliore. Per spostarsi a piedi e trasportare merci a dorso di mulo garantiva un percorso veloce e libero dai pericoli del fondovalle.

Per questo non c'è una data vera e propria di creazione di una via. Ancora prima che venissero utilizzate per scopi commerciali i crinali e le valli erano attraversate dai sentieri della transumanza. L'animale addomesticato dall'uomo necessitava di spostarsi e per questo insieme hanno trovato i percorsi che offrivano la minore resistenza possibile. Nella ricerca di addomesticare il territorio sono nati i sentieri e le strade che tutt'ora percorriamo.

Il nostro percorso però, o almeno una parte di esso, può avere una data di nascita. Dobbiamo questa data e la sua scoperta a due amici che si sono conosciuti in uno sperduto bar dell'Appennino. I nostri due personaggi che casualmente si sono incontrati e casualmente hanno iniziato a scavare le montagne alla ricerca di qualcosa, sono Cesare Agostini e Franco Santi.

1937 Agostini è nato nel 1937 a Bologna, era avvocato, con una smisurata passione per la storia romana che ogni estate passava le ferie estive a Castel dell'Alpi. Il secondo Franco Santi nato e cresciuto a Castel dell'Alpi, sette anni più vecchio di Agostini ha passato la sua vita ad esplorare il territorio circostante di cui desiderava conoscere ogni angolo e ad estrarre l'arenaria locale che poi cesellava con il suo scalpello.

1977 I nostri due personaggi si conoscevano già da tempo e d'estate si ritrovavano al bar di Castel Dell'Alpi per parlare di sport. E così hanno passato, ignari della loro comune passione per la storia locale molte estati, fino a quella del 1977.

"Nei primi giorni di agosto, quasi tutte le sere, ci trovavamo davanti al solito bar, seduti a un tavolino, facendo le consuete chiacchiere, a volte anche animate. Ma una sera, mentre ci godevamo la piacevole brezza proveniente dal lago, l'argomento trattato è stato di tutt'altro genere: le origini ignote e remote di Castel dell'Alpi, le sconvolgenti frane, antiche e recenti, che hanno modificato radicalmente l'orografia di questa valle, abbassando i monti circostanti, trascinando e distruggendo interi villaggi."[1]

1 La strada Bologna-Fiesole del II secolo a.C. (Flaminia Militare).Storia e testimonianze archeologiche di una ricerca sull'Appennino tosco-emiliano Cesare Agostini e Franco Santi – Bologna: CLUEB, 2000.

I due rimasero svegli fino a tardi presi dalla loro conversazione che si era sempre di più concentrata su un singolo argomento. La viabilità di infiniti sentieri e mulattiere aveva monopolizzato il loro discorso fino a far loro ricordare che, da bambini i loro genitori raccontavano della leggenda della strada romana che i loro avi avevano a lungo percorso sul crinale a sinistra del Savena. Dei resti di una strada romana però non c'era nessuna traccia.

La scintilla che farà poi passare loro intere estati all'ombra dei faggi con la pala, sporchi di terra alla ricerca di un ciottolato che sembra scivolargli sotto i piedi tra le foglie e il terriccio, è una confidenza che Santi fa quella sera all'amico.

Due anni prima ha ritrovato una moneta romana incastrata in una fessura della roccia in una cava nei pressi di Castel Dell'Alpi. Questo evento unito alla loro passione li ha spinti a studiare in modo approfondito la storia romana e a ricostruire con le pochissime fonti storiche la possibile posizione della strada. Dopo due anni di ricerche e scavi in totale autonomia viene finalmente alla luce il basalto di una strada nei pressi di Monte Bastione.

1979

Quella strada romana che tanto hanno cercato e li ha fatti sognare è la Via Flaminia Militare costruita nel 187 a.C. dopo la guerra con i Liguri che detenevano il controllo di questa porzione di Appennino. La strada sarebbe servita per spostare più velocemente le truppe tra Bologna ed Arezzo passando per Fiesole.

187 a.C.

Come a stringere l'occhiolino al suo passato leggendario il nome "Via degli Dei" era usato per indicare la strada provinciale 59, che passava per i toponimi: monte Adone, Monzuno (Mons Junonis), monte Venere, monte Luario (della dea Lua).

Nei primi anni novanta poi un gruppo di camminatori Bolognesi i "Dû pas e na gran magnè" (in dialetto bolognese "due passi e un'abbuffata") capitanati da Domenico Manaresi detto "Mingàn" decisero di andare da Bologna a Firenze a piedi.

È così che è nata la Via degli Dei, frutto del caso, di una sfida lanciata per scherzo e dai passi di etruschi, romani e di chissà quali altri popoli a noi sconosciuti.

2. ORGANIZZARE LA VIA DEGLI DEI

Prima volta?

C'è sempre una prima volta per tutti, la mia è stata disastrosa. La tua non dovrà esserlo!

Partiamo dalle basi. Se la Via degli Dei è il tuo primo trekking di più giorni ma cammini con regolarità in montagna o collina con dislivello puoi leggere questo capitolo introduttivo come ripasso.

Per prima cosa la Via degli Dei è un percorso che ti farà camminare almeno 6 ore al giorno per 5 giorni di fila. Questo richiede al nostro corpo un certo grado di adattamento. Dall'apparato muscolo scheletrico (tendini, muscoli, articolazioni) fino a banalmente la pianta del piede. Questo non tanto per arrivare a Firenze ma per arrivarci interi. Mi spiego meglio.

È possibile per una persona senza particolare allenamento ed esperienza fare la Via degli Dei ma nella media in questo caso avrà dolori articolari e/o vesciche. L' obiettivo di questa guida è evitare che questo accada.

Prima di entrare nel vivo però facciamo un breve ripasso di come si comporta un camminatore durante un trekking.

Scheda del Camminatore

- Velocità media in piano: 5km/h
- V media in salita: 2-3km/h
- Beve dai 2 ai 3L di acqua al giorno
- Mangia molto e spesso
- Cammina dalle 6 alle 8 ore al giorno, raramente 10
- Necessita di almeno 1 ora di pausa
- Dorme tantissimo

Difficoltà

La difficoltà di un trekking è di due tipi: oggettiva e soggettiva.
La prima viene valutata attraverso la lunghezza del percorso, il dislivello positivo (salita) e quello negativo (discesa) e dal rapporto della loro somma fratto la distanza. Lo so che sembra un teorema di matematica delle superiori ma è più facile di quanto sembri, vi faccio un esempio qui sotto.

Via Degli Dei
Lunghezza: 120km
Dislivello positivo: 4423m
Dislivello negativo: 4449m

Dislivello totale = 4423m + 4449m = 8872m

$$c_{vd} = \frac{8872\,m}{120000m} \times 1000 = 73$$

Questo coefficiente è molto importate (ho moltiplicato per 1000 per renderlo più chiaro) perché ci rappresenta la variazione di dislivello media lungo il percorso. In questo modo potrete confrontare i trekking che avete fatto in passato con i trekking che farete in futuro o meglio ancora per allenarvi lungo percorsi con la stessa variazione di dislivello.
Ovviamente questo valore è indicativo perché non tiene conto di tantissimi altri fattori come: tipo di terreno, condizioni meteo, fonti, cibo, ecc.

Esempi:

Camino de Santiago = 31

Via degli Dei = 73

Via della Lana = 85

Translagorai = 149

Secondo questo coefficiente la Via degli Dei si posiziona in una scala di difficoltà medio-facile ma non bisogna farsi trarre in inganno da questo dato.

C'è poi la difficoltà soggettiva che dipende dal nostro allenamento, se siamo proni ad infortuni o abbiamo dolori cronici, quanto pesa il nostro zaino, abbiamo un buon orientamento e sappiamo ascoltare il nostro corpo.

Nei prossimi capitoli vedremo quindi come prepararci al meglio dall'attrezzatura alla logistica.

Allenamento

Ora che abbiamo visto come calcolare la difficoltà di un trekking sulla carta, come capire se siamo abbastanza allenati per farlo?

Il modo più semplice è quello di comparare la tua escursione media (lunghezza e dislivello) con quelli di una tappa della Via degli Dei . C'è un problema nascosto in questo metodo però: non tiene conto di come ci sentiamo mediamente a fine giornata.

Una tappa media della Via degli Dei è lunga circa 24km con 850m di salita e 850m di discesa. Se una domenica fai un'escursione del genere a fine giornata come ti senti?

Nel caso del weekend puoi anche concludere la giornata dolorante e senza energie, diciamo che hai un grado di stanchezza di 9 punti su 10, sulla Via degli Dei questo non è auspicabile dato che questo sforzo dovrà essere ripetuto ogni giorno per 5 giorni.

Il miglior grado di allenamento possibile prima di partire per la Via degli Dei è quello di riuscire a fare una tappa media (24km, 850+, 850m-) con a fine giornata un grado di stanchezza pari o inferiore a 7 punti su 10. In modo tale che il tuo corpo sia in grado di riprendersi durante il sonno.
Inoltre se soffri spesso di vesciche la Via è molto ricca di asfalto per questo adatta i tuoi piedi a lunghi tratti di questo tipo.

Il miglior allenamento per camminare è senza dubbio camminare ma se soffri di dolori articolari la cosa migliore è quella di richiedere il consulto di un fisioterapista specializzato nell'ambito sportivo della corsa in montagna o di sport di montagna.

In che direzione?

La quasi totalità di chi parte per la Via degli Dei la percorre da Nord a Sud quindi in direzione Bologna - Firenze. Questo consente di affrontare le tappe meno intense a inizio percorso in modo tale da abituare più gradualmente il nostro corpo allo sforzo prolungato di un trekking di più giorni. Non c'è nessun divieto di percorrerla nel senso opposto per chi lo desidera.

Il vero problema a mio avviso, è quello di dover lasciare Firenze con davanti a te quasi 15km di salita asfaltata. Un'esperienza non delle più piacevoli.

La cartellonistica in certi casi gioca più a favore di chi percorre la via in direzione BO-FI ma è comunque possibile seguirla senza grandi difficoltà.
Questa guida per comodità di fruizione si riferirà a questo tipo di direzione.

Trasporti

È possibile raggiungere Bologna in treno, in autobus e anche in aereo grazie al vicino aeroporto internazionale Marconi. Il treno è probabilmente l'opzione migliore essendo ben collegata con tutto il Nord Italia, Firenze e Ancona.

Per chi desidera arrivare in auto le opzioni di parcheggio gratuito a Bologna sono limitate a zone periferiche oppure alle zone dei colli a sud.

È possibile arrivare e lasciare il percorso in autobus con grande facilità da quasi tutte le località lungo il percorso.

- Bologna Stazione Centrale - Sasso Marconi Linea 92
- Bologna (Porta San Felice) - Monzuno Linee 826 - 856 cambio a Vado linea 827
- Bologna Stazione Centrale - Madonna dei Fornelli treno per San Benedetto - Castiglione e poi bus linea 856
- Passo della Futa - Firenze bus linea 304b per borgo ospedale e poi treno da borgo san Lorenzo per Firenze
- San Piero a Sieve Stazione - Firenze treno per Firenze

Nel corso degli anni ho sentito di molte persone per questioni ti tempo hanno deciso di partire da Sasso Marconi o Monzuno. A mio parere Partendo da Monzuno ci si perde uno dei luoghi più belli della Via ovvero Monte Adone. Per questo è possibile, se hai poco tempo e non vogliamo fare tappe lunghissime, puoi partire da Sasso Marconi, arrivare a Brento passando da Monte Adone e poi prendere l'autobus per Monzuno Questo permette anche di saltare un tratto di 9km di asfalto, forse il meno piacevole di tutto il percorso.

Segnali lungo il percorso

Lungo il percorso sono presenti numerosi cartellini bianchi e rossi con la scritta VD (come in foto) e il numero del sentiero corrispondente. Nei pressi poi degli incroci più importanti è presente segnaletica verticale sotto forma di pannelli di legno con due frecce rosse: una che va in direzione Bologna e una in direzione Firenze con sopra scritto Via degli Dei, è impossibile sbagliare.

Nel dubbio sul cartello cercate VD, BO-FI oppure la scritta "Via degli Dei".

Il mio consiglio per non rischiare di sbagliare è quello di scaricare l'app Windy Maps che permette di salvare offline tutta la sentieristica classificata per regione. Non è possibile caricare una traccia gpx, ma i sentieri portano il nome del percorso, in questo modo saprete sempre se state seguendo la Via degli Dei.

Credenziale

È possibile acquistare la Credenziale presso i punti di distribuzione, oppure richiederla on line con spedizione direttamente a casa dal sito di www.infosasso.it

Durante il cammino è possibile recarsi presso le strutture accreditate (le trovi in tabella a inizio della guida) per ricevere il timbro. Se ne ottieni almeno 5 potrai ritirare un gadget all'arrivo.

La Via degli Dei non è un cammino religioso e per questo motivo la credenziale non è un documento di pellegrinaggio. Può essere invece un bel ricordo di questo trekking oltre che un modo per sapere quanti camminatori la percorrono ogni anno!

Punti Ritiro Credenziale

BOLOGNA
ExtraBO
Piazza Nettuno 1/ab, Bologna
Orari: Da Lunedi a Sabato dalle 9 alle 19
Domenica dalle 10 alle 17
Tel: 051 6583109
extrabo@bolognawelcome.it

SASSO MARCONI
InfoSASSO ufficio informazioni Turistiche del Comune di Sasso Marconi
Via Porrettana 314
Orari: Martedì dalle 9 alle 13 e dalle 15 alle 19 da Mercoledì a Venerdì dalle 9.30 alle 13 e dalle 15 alle 19 Sabato dalle 9.30 alle 13 / Domenica e Lunedì chiuso Tel: 051 6758409 / info@infosasso.it

Quando andare?

La Via degli Dei è un percorso che si sviluppa su un range di altitudini molto vasto, dai 50m ai 1200m sul livello del mare. Per questo anche le condizioni climatiche durante l'anno saranno molto variabili, con neve nei mesi invernali anche a quote di 600m o temperature minime attorno ai 10/15°C nelle zone più alte nei mesi estivi.

Primavera:

Ore di Luce: 13/15 ↑

Periodo ottimo per l'assenza di temperature elevate ma la piovosità è al suo massimo. Nel caso di una percorrenza in tenda è importante essere pronti a prendere tanta acqua e avere un piano "b" per dove passare la notte in caso di forti acquazzoni e impossibilità di asciugare l'attrezzatura.

Estate:

Ore di Luce: 15/13 ↓

Poche precipitazioni ma temperature a volte proibitive nelle ore più calde. Importantissimo partire molto presto la mattina e avere adeguata protezione solare e acqua da bere.

Autunno:

Ore di Luce: 13/10 ↓

La piovosità aumenta leggermente ma le temperature si fanno più miti. In autunno inoltrato non è raro avere minime notturne attorno ai 5°C.

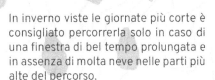

Inverno:

Ore di Luce: 9/11 ↑

In inverno viste le giornate più corte è consigliato percorrerla solo in caso di una finestra di bel tempo prolungata e in assenza di molta neve nelle parti più alte del percorso.

Temperature massime/minime (°C)

	Gen	Feb	Mar	Apr	Mag	Giu	Lug	Ago	Sett	Ott	Nov	Dic
Bologna	9/3	10/3	14/5	17/8	23/11	27/15	31/18	32/18	26/14	21/11	14/7	10/4
P.Futa	4/-4	5/-3	9/0	12/3	18/7	22/10	26/13	27/13	21/9	16/6	9/2	5/-2
S.P. Sieve	8/3	9/2	13/4	16/7	21/11	25/14	29/17	30/17	24/13	19/11	13/7	9/4

Precipitazioni medie (mm) e numero di giorni piovosi

	Gen	Feb	Mar	Apr	Mag	Giu	Lug	Ago	Sett	Ott	Nov	Dic
P.Futa	58/12	53/14	55/10	74/14	57/11	42/10	29/8	24/7	49/8	65/9	92/14	73/13

Come e Dove Dormire

Sulla Via degli Dei negli anni l'offerta per i camminatori è aumentata esponenzialmente, dando la possibilità a tutti di trovare la sistemazione più congeniale.

Agriturismi e B&B

Questo tipo di alloggio è estremamente presente lungo la Via degli Dei e quasi tutte le strutture offrono la
cosiddetta "stanza per saccopelisti". Ovvero la possibilità di dormire utilizzando il proprio sacco a pelo
invece delle lenzuola. Tutto ciò ad un prezzo ridotto.
Questo permette di risparmiare un po' e di poter dormire anche in posti molto caratteristici come il sotto-
tetto del B&b sulla Via degli Dei prima di Brento o le
camere della Casa delle Guardie a Pian di Balestra.
In genere molte di queste strutture offrono anche la
cena a base di prodotti tipici ad un prezzo maggio-
rato.
Il solo pernottamento con sacco a pelo costa attorno
ai 25/30 euro, che aumentano a circa 45 con la cena.

Alberghi, Rifugi e
Affittacamere

Lungo la Via possiamo contare anche molti alberghi, i
quali offrono spesso condizioni privilegiate ai camminatori e in alcuni casi anche la possibilità di piantare
la tenda. Gli affittacamere sono davvero tanti e un ottimo compromesso tra il B&B e l'albergo.
È presente anche un rifugio a Pian di Balestra con
possibilità di piantare la tenda.

Tenda

Vivere la Via degli Dei in tenda è un'esperienza unica e molto intensa. Nel tempo il percorso si è adattato anche ad accogliere e soddisfare le esigenze dei camminatori desiderosi di dormire all'aperto.
Per questo esistono due modalità diverse di percorrere la Via in tenda: appoggiandosi a camping e strutture oppure facendo wild camping.

La prima opzione è sicuramente la più conveniente se siamo alla prima esperienza perché ti consentirà di avere l'appoggio di strutture per poter caricare i tuoi device e farti una doccia a fine giornata.

In questo caso i Campi Sportivi di Brento e Monzuno sono attrezzati in questo senso, oltre che qualche altra struttura sparsa lungo il percorso. Sono presenti anche quattro camping veri e propri: Camping La Futa, Camping Monte di Fo', Camping Mugello Verde (San Piero a Sieve) e il Camping dell'Uccelletto (Bivigliano).

È così possibile avere sempre la possibilità di piantare la propria tenda in un luogo ad esse adibito.

Wild Camping

Se volessi dormire in tenda nella natura la questione si fa più spinosa. Il wild camping è tollerato ma non regolamentato lungo il percorso. Come linea generale piantare la tenda al tramonto o la sera e smontarla la mattina è considerato bivacco notturno e non dovrebbe incorrere in alcuna sanzione o richiamo. Questo ovviamente nel caso vengano rispettate tutte le norme del "non lasciare tracce" e senza l'accensione di fuochi. È anche importante evitare di piantare la tenda su terreni privati. Fondamentale è sempre non lasciare niente, dico proprio niente. Non si deve vedere che sei passato di li. Devi essere un fantasma!

Non lasciare tracce

Ogni anno migliaia di camminatori percorrono la Via degli Dei ed è importante che il nostro spostarci su questo bellissimo percorso non vada a impattare negativamente sull'ambiente.
Per questo di seguito condividerò con voi alcuni principi del protocollo "Leave No Trace" ovvero del Non Lasciare Tracce.

Pianifica e Prepara

Questo lo stai già facendo ed è importantissimo, perché ti mette nelle condizioni di non doverti trovare in situazioni di pericolo o discomfort. Queste a volte ti potrebbero portare a rovinare o intaccare l'ambiente circostante. Questo vale non solo per la Via degli Dei ma va applicato ogni volta che facciamo un trekking.

Una (triste) storia vera:

Un gruppo di camminatori è andato in un bivacco in inverno ma non sapeva che legna fosse finita. Si sono portati dei sacchi a pelo non adeguati alle minime notturne senza riscaldamento e per questo hanno bruciato gli infissi delle finestre.
Questa storia purtroppo è vera e in altre occasioni mi è successo di trovare danni a strutture o piccoli bivacchi per via dell'impreparazione di altri escursionisti venuti prima.
Per questo preparare a dovere un'escursione non garantisce solo la nostra sicurezza ma anche quella del territorio che attraversiamo.

Rispetta il terreno

Per sua natura il camminare su un sentiero "creato" dall'uomo rappresenta una traccia lasciata sul territorio. Questo però risponde all'esigenza delle persone che questo territorio lo devono attraversare. Per questo dobbiamo impegnarci il più possibile a non uscire dai sentieri prestabiliti promuovendo la creazione di ulteriori tracce che andrebbero ad intaccare il suolo e la vegetazione.

Per quanto riguarda il piantare una tenda è meglio prediligere terreni che non andranno a deformarsi sotto il nostro peso e quelli che saranno più facili da ripristinare con i materiali naturali presenti sul posto come aghi di pino o foglie secche.

Cacca (e rifiuti in generale)

Probabilmente appena hai iniziato questo capitolo l'unica cosa che ti immaginavi era questo aspetto del non lasciare tracce.
Spero anche qui di stupirvi, perché invece di parlare principalmente di plastica, cartacce e fazzoletti parleremo dei rifiuti che noi stessi, esseri umani produciamo.

La pratica corretta dell'andare in bagno nella natura in 3 semplici passi:

1. Trova un posticino tranquillo ad almeno 70 passi da una fonte d'acqua o dal sentiero.
2. Scava un buco di circa 10cm di profondità.
3. Sotterra tutto anche la carta igienica se non puoi trasportarla con te (non bruciare la carta igienica!).

Si potrebbe aggiungere anche qualche cosa in più, per esempio il cercare di trovare uno spot con un terreno ricco di humus all'interno della quale le feci si disgregheranno più velocemente.

Per quanto riguarda invece i rifiuti propriamente detti è importante partire con meno contenitori e imballi possibili, per evitare in primo luogo l'ingombro e il rischio di dimenticare o far cadere rifiuti durante il giorno o la notte.
Ovviamente non si lascia niente nella natura. Mai!

Cibo

Nel 2015 io e i miei amici avevamo in spalla uno zaino da 80L ricolmi di cibo come se avessimo dovuto fare una spedizione himalayana. Sulla Via degli Dei non serve portare tutto il cibo dall'inizio.

Questo detto, se c'è una cosa davvero importante che devi fare quando cammini (oltre a camminare) è mangiare, magiare tanto! Non hai idea di quanto consuma il nostro corpo durante un trekking.
Per questo una delle cose fondamentali da sapere è quando e dove trovare cibo lungo il percorso. Dove sono i bar, gli alimentari, i ristoranti, le trattorie e i supermercati.

Fortunatamente se farai la Via degli Dei in b&b non dovrai pensare alla colazione e molto spesso anche alla cena. Il pranzo e gli snack da mangiare durante la giornata saranno al centro della tua attenzione nella ricerca del cibo mentre dovrai pensare a tutto quanto nel caso dormissi in tenda.
Di seguito troverai la lista (quasi completa) di tutti i possibili luoghi dove mangiare e fare rifornimento.

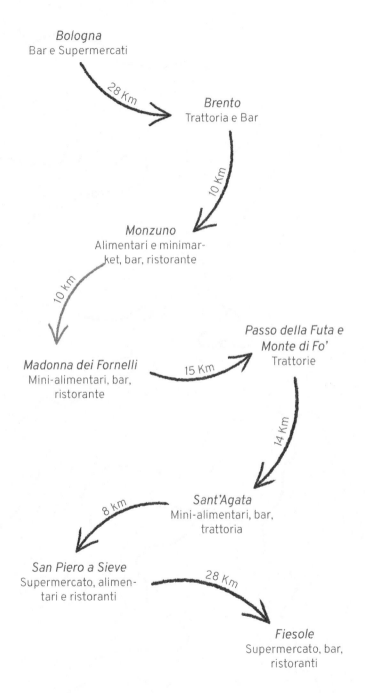

Bologna
Bar e Supermercati

28 Km

Brento
Trattoria e Bar

10 Km

Monzuno
Alimentari e minimar-
ket, bar, ristorante

10 Km

Madonna dei Fornelli
Mini-alimentari, bar,
ristorante

15 Km

*Passo della Futa e
Monte di Fo'*
Trattorie

14 Km

Sant'Agata
Mini-alimentari, bar,
trattoria

8 Km

San Piero a Sieve
Supermercato, alimen-
tari e ristoranti

28 Km

Fiesole
Supermercato, bar,
ristoranti

Luogo	Km	Note
Piazza Maggiore	0	Statua del Nettuno
Madonna di San Luca	5	2 fontane
Parco Talòn	6,5	4 rubinetti
Via Panoramica	7	A volte chiusa
Oasi San Gherardo	12,5	Tettoia
Arceri della Rupe	16	Lato destro strada
Via Orchidee	20	Restaurata e funzionante
Via Valverde	25	Al momento fontana chiusa
Piccola Reieda	25	Fonte sopra la grata di scolo
Brento	28	Osteria e Circolo Sportivo
Monterumici	33	Davanti a cartelli informativi
Tre Fasci	36	Davanti ai pompieri
Monzuno	38	Piazza di fianco a Farmacia
Madonna dei Fornelli	48,5	Davanti alla Chiesa
Pian di Balestra	54	Area sosta
Il Capannone	55,5	Fonte naturale (non affidabile)
Passo della Futa	63	Osteria Passo della Futa
Località Paracchia	68,5	Fonte Naturale (affidabile)
Sant'Agata	78	Piazza e Circolo Sportivo
San Piero a Sieve	84	Fontana in Piazza e lungo la via
Trebbio	89	Grande fontana dopo la chiesa
Monte Senario	100	Fontana e bagno pubblico
Fiesole	113	Entrata del paese e in piazza

Acqua

Una delle domande che ricevo più spesso riguardo l'organizzazione di un trekking è: "Quanta acqua devo portarmi?".
Per rispondere a questo quesito che all'apparenza può sembrare semplice è necessario conoscere molto bene 3 variabili: temperatura esterna (più fa caldo più avremo bisogno di bere), frequenza delle fonti d'acqua (più sono distanti più acqua dovremo portare), quanto sudiamo (perdiamo molti sali, sudiamo facilmente, ecc.).

L'acqua è importantissima per tutte le nostre funzioni vitali ma in questo caso specialmente per la contrazione muscolare e per il trasporto di elettroliti nelle cellule muscolari.

I primi sintomi di disidratazione sono semplicemente bocca secca e aumento della fatica. Per questo in media è consigliabile circa mezzo litro di acqua ogni ora di trekking. Oppure circa 1 litro ogni 10km in piano o 6km di salita. Questo dipende da persona a persona e anche dal proprio grado di sudorazione e da che tipo di sudorazione: ci sono persone che perdono molti più sali di altre. In quest'ultimo caso è meglio aggiungere una busta di sali minerali ogni litro di acqua che andrai a bere.

In caso di crampi, nausea, mal di testa e urina di colore scuro abbiamo a che fare con uno stato di disidratazione più avanzato ed è quindi necessario idratarsi al più presto e fare una pausa!

È importante aggiungere che in inverno molte delle fonti vengono chiuse per evitare il congelamento delle tubature. Quindi è sempre meglio partire con tutta l'acqua necessaria per la giornata nel caso non si passi in uno dei paesi lungo il percorso.

L'Attrezzatura Essenziale

Dopo anni di trekking e dopo aver conosciuto moltissimi camminatori è chiaro che il godimento di un percorso è anche proporzionale al peso del proprio zaino.
Troppe volte ho visto camminatori arrivare stremati a fine tappa per lo zaino troppo pesante. Questo non sarà il tuo caso!

Qui di seguito ti lascio la lista zaino essenziale che ho usato per tutte le mie ultime Vie degli Dei, dalla quale puoi partire per sviluppare la tua.

Ma questo zaino quanto deve pesare?

Nel caso di pernottamento in b&b non più di 5kg senza cibo e acqua, in tenda massimo 8kg senza cibo e acqua.

Essenziali

Zaino
Sacco a pelo
Materassino
Tenda e Picchetti
Liner antipioggia

Abbigliamento

Giacca impermeabile
Piumino
Pile peso medio
Due paia di calzini
Una o più mutande
Maglietta per la notte
Pantaloni notte
Un solo paio di pantaloni da indossare

Elettronica

Telefono
Caricatore e cavo
Powerbank
Torcia frontale

Igiene e medicine

Tape
Pinzette e Forbicine
Garza
50ml sapone
Spazzolino e dentifricio
Crema solare
Carta igienica

Altro
Piccolo asciugamano
Ciabatte
Borraccia e/o bottiglie per 2.5L di capienza

La tua Attrezzatura

Nome	Categoria	Peso (gr)	Quantità
Totale			

Zaino

Nel caso stessi facendo la Via degli Dei in b&b e quindi senza la necessità di portare un sacco a pelo pesante, materassino e tenda, uno zaino da 30L sarà più che sufficiente.
Mentre nel caso opposto, uno zaino dai 40 ai 50L andrà benissimo. Sempre meglio uno zaino leggermente più piccolo in modo tale da non caricarlo troppo e portare solo lo stretto necessario.

Tenda o Tarp

La tenda sarà il tuo riparo per la notte e la tua più fedele compagna durante la Via degli Dei se non dovessi decidere di dormire nei b&b.
La scelta deve ricadere sulla leggerezza e nel caso decidessi di sostare nei campeggi o nei campi sportivi opterei per una tenda autoportante. Come linea guida è opportuno portare una tenda che pesi tra 1 e 1,5kg di peso per posto al suo interno.
Quindi in due consiglio una tenda che abbia un peso di circa 2,5kg e che sia possibile dividere con il compagno di avventura. Nel caso fossi da solo cerca di stare sotto o attorno a 1,5kg.

Sacco a pelo

Il sacco a pelo sarà il tuo migliore amico quando la sera arriverai senza energie a fine tappa. Sia che tu dorma in b&b in stanza per saccopelisti che in tenda, il sacco a pelo sarà il tuo rifugio per la notte.
Se dovessi dormire all'interno in inverno un sacco a pelo con temperatura comfort di 15°C sarà più che sufficiente, mentre in estate potrà bastare anche un sacco lenzuolo da 20°C.

Nel caso della tenda la questione cambia, perché il sacco sarà l'unica barriera che impedirà al tuo calore di disperdersi. È a volte consuetudine pensare che la tenda sia responsabile del trattenere il calore durante la notte: niente di più sbagliato. Questa serve a proteggerti da vento e pioggia, mentre è solo il sacco a pelo a isolarti dal freddo mondo esterno che vuole assorbire il tuo prezioso calore.

Per scegliere il sacco giusto ti basterà guardare la tabella delle temperature medie mensili in questo capitolo e confrontarla con le previsioni del periodo. A volte le minime possono variare ed essere superiori o inferiori alla media. Nel primo caso potrai sempre aprire il sacco e il gioco è fatto, ma se la minima dovesse essere inferiore a quella dichiarata dovrai armarti di un sacco a pelo più isolante o altrimenti passare la notte non sarà un passeggiata. Per questo è meglio portare un sacco a pelo con t. Comfort di qualche grado inferiore alle minime che andrai a trovare come misura precauzionale.

Materassino

Il materassino nel caso dormissi in tenda sarà la tua seconda linea di difesa contro il freddo. La sua funzione sarà quella di isolarti dal terreno e in secondo luogo ti farà dormire comodo.

Esistono tre tipi di materassini:
- In schiuma
- Auto-gonfianti
- Gonfiabili

Ti sconsiglio un auto-gonfiante perché molto pesante per l'isolamento che offre. Se il comfort non è un problema quelli in schiuma sono ottimi per la loro resistenza e leggerezza, ma se si pensa di dormire a temperature inferiori ai 10°C e il comfort notturno è un fattore importante allora è meglio andare su un gonfiabile.

Vestiti

La Via degli Dei è percorribile quasi tutto l'anno, di conseguenza anche l'abbigliamento dovrà adattarsi al variare delle temperature e alla prevalenza di precipitazioni.

Come in ogni escursione sarà importante avere un sistema di strati che ti permetta di non sudare eccessivamente mentre sei in movimento e di poter mantenere il tuo calore corporeo durante le soste o la sera.

Un sistema di strati possibile per la mezza stagione nel caso dormissi in tenda è il seguente:

· Maglia in sintetico (in movimento)
· Pile in microgrid (per quando ti fermi o in movimento se fa freddo)
· Piumino leggero (da indossare solo quando ci si ferma)
· Giacca impermeabile (più o meno pesante)

Con temperature minime di 10/15 gradi di solito porto solo il piumino e non il pile, perché di giorno è abbastanza caldo da stare solo in maglietta mentre quando le massime giornaliere non superano i 20°C porto anche il pile.

Ognuno di noi ha poi esigenze diverse, c'è chi è più freddoloso o sente meno il freddo, c'è chi suda tanto e chi poco. Adegua quindi, questo sistema alle tue esigenze seguendo queste semplici linee guida.

In inverno la storia cambia. Cercare di non sudare eccessivamente o di rimanere a secco con i cambi di vestiti può essere pericoloso e il rischio di raffreddarci troppo e di diventare ipotermici è sempre dietro l'angolo. È quindi meglio avere un cambio in più che uno in meno come in estate.

Scarpe

La Via degli Dei è un trekking per la maggior parte montano ma un buon 30% del percorso si sviluppa su asfalto e un'altra piccola parte su strade bianche. Per questo l'esperienza mi ha insegnato che una scarpa da trail running può essere nella maggior parte dei casi la calzatura giusta per questo trekking.

Uno studio scientifico della Northern Michigan University dimostra che non c'è correlazione tra l'aumento di infortuni alla caviglia e l'utilizzo di scarpe da trail running[1].

Un altro studio del 2010 pubblicato sul Journal of Biomechanics dimostra che uno scarpone rigido diminuisce la mobilità articolare e l'energia assorbita a livello della caviglia, aumentando di conseguenza i cambiamenti compensatori nel ginocchio[2].

È chiaro che su un percorso come la Via degli Dei una scarpa da trail o uno scarponcino molto morbido sono la calzatura vincente.

---

1   VanSumeren, Ashley L., "THE EFFECTS OF SHOE TYPE ON BIOMECHANICAL AND PHYSIOLOGICAL RESPONSES TO STEPPING AND INCLINED WALKING" (2019).
2   Böhm H, Hösl M. Effect of boot shaft stiffness on stability joint energy and muscular v-contraction during walking on uneven surface. J Biomech. 2010 Sep

Divisione in Tappe

La Via degli Dei si presta a tantissimi approcci diversi, dalla tenda al b&b. Ogni camminatore ha le sue esigenze. Per questo al momento dell'ideazione di questa guida non ho voluto creare una divisione rigida ma descrivere il percorso in modo tale da darti la possibilità dividerla come preferisci.

Ovviamente non tutti hanno la possibilità e le competenze di creare la propria divisione per questo ti presenterò delle possibili divisioni in tappe per i vari giorni a disposizione e per il tipo di pernottamento scelto.

Partiamo!

5 giorni in B&B e Tenda

Questa è la classica divisione in tappe della Via degli Dei ma che comunque permette grande libertà di scelta per quanto riguarda lunghezza delle tappe e dei luoghi in cui fermarsi. Ti proporrò per questo 2 combinazioni da usare come linee guida che poi potrai modulare nel modo che preferisci.
La prima è la divisione classica che trovai sulla prima carta della Via ben 6 anni fa. Ha un paio di "problemi" ovvero, la prima e l'ultima tappa sono un po' lunghe. Quelle centrali ti daranno però la possibilità di goderti con più calma ogni angolo del percorso.

La seconda è più equilibrata ma mantiene una prima tappa un po' intensa che puoi sempre ridurre fermandoti prima di Monte Adone nel gran numero di b&b e agriturismi presenti sul percorso.

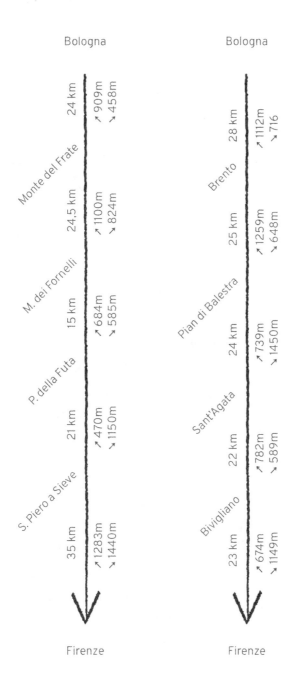

Bologna

Monte del Frate   24 km   ↗ 909m   ↘ 458m

M. dei Fornelli   24,5 km   ↗ 1100m   ↘ 824m

P. della Futa   15 km   ↗ 684m   ↘ 585m

S. Piero a Sieve   21 km   ↗ 470m   ↘ 1150m

35 km   ↗ 1283m   ↘ 1440m

Firenze

Bologna

Brento   28 km   ↗ 1112m   ↘ 716

Pian di Balestra   25 km   ↗ 1259m   ↘ 648m

Sant'Agata   24 km   ↗ 739m   ↘ 1450m

Bivigliano   22 km   ↗ 782m   ↘ 589m

23 km   ↗ 674m   ↘ 1149m

Firenze

31

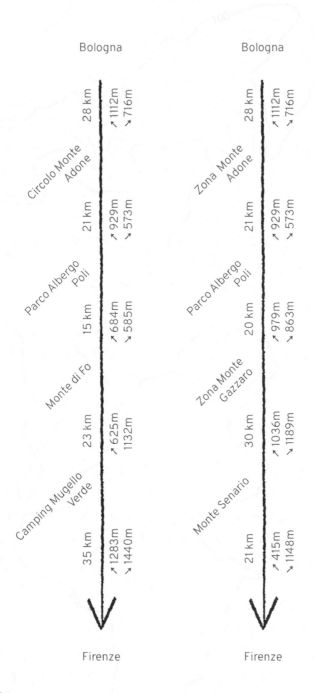

Bologna

28 km ↗1112m ↘716m

Circolo Monte Adone

21 km ↗929m ↘573m

Parco Albergo Poli

15 km ↗684m ↘585m

Monte di Fo

23 km ↗625m ↘1132m

Camping Mugello Verde

35 km ↗1283m ↘1440m

Firenze

Bologna

28 km ↗1112m ↘716m

Zona Monte Adone

21 km ↗929m ↘573m

Parco Albergo Poli

20 km ↗979m ↘863m

Zona Monte Gazzaro

30 km ↗1036m ↘1189m

Monte Senario

21 km ↗415m ↘1148m

Firenze

5 giorni in tenda

Fare la Via degli Dei in tenda è un'esperienza unica. Montare e smontare la sera e la mattina il nostro riparo dà a questo trekking (e un po' a tutti) quel senso di vicinanza alla natura. In questo senso è possibile, se siamo ad una prima esperienza, appoggiarci alle numerose strutture lungo il percorso per avere qualche servizio in più.

Per chi desidera lavarsi nelle fontane o non lavarsi affatto e svegliarsi ogni mattina con la vista del bosco o dei crinali, consiglio anche una divisione per il wild camping tenendo sempre a mente RISPETTO MASSIMO del luogo nel quale passerai la notte.

A questo riguardo e per il tuo benessere sconsiglio di bivaccare su crinali esposti al vento, infondo a valli dove l'aria fredda si incanala e in luoghi di dubbia proprietà. Ricorda: se il posto è fotogenico, spesso è un pessimo posto per la tenda. Il bosco è sicuramente il più riparato.

4 giorni in b&b e tenda

Se il tuo desiderio è quello di sfidare la normale divisione in 5 giorni della Via degli Dei e sei ben allenato, arrivare a Firenze in 4 giorni è un'impresa fattibile. Le tappe sono di crescente intensità fino ad arrivare all'ultima davvero intensa sia come chilometri che come dislivelli positivi e negativi.

La discesa del terzo giorno metterà a dura prova le articolazioni e la testa, dato che è davvero molto lunga.

La divisione è la stessa per b&b e tenda dato che in ogni punto tappa è presente anche una struttura o un camping dove potersi fermare.

Bologna

Brento

25 km ↗1259m ↘648m

Pian di Balestra

28 km ↗1325m ↘915m

S. Piero a Sieve

32 km ↗803m ↘1654m

35 km ↗1283m ↘1440m

Firenze

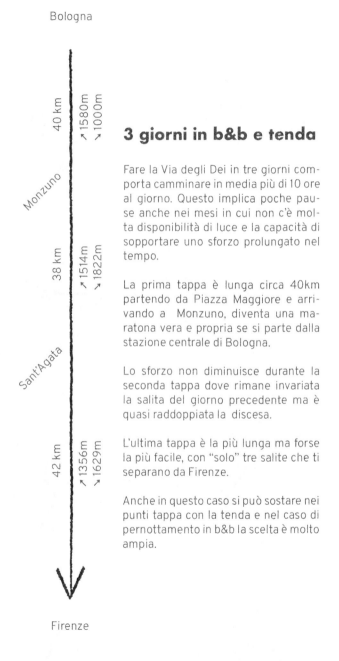

Bologna

40 km   ↗1580m ↘1000m

Monzuno

38 km   ↗1514m ↘1822m

Sant'Agata

42 km   ↗1356m ↘1629m

Firenze

3 giorni in b&b e tenda

Fare la Via degli Dei in tre giorni comporta camminare in media più di 10 ore al giorno. Questo implica poche pause anche nei mesi in cui non c'è molta disponibilità di luce e la capacità di sopportare uno sforzo prolungato nel tempo.

La prima tappa è lunga circa 40km partendo da Piazza Maggiore e arrivando a Monzuno, diventa una maratona vera e propria se si parte dalla stazione centrale di Bologna.

Lo sforzo non diminuisce durante la seconda tappa dove rimane invariata la salita del giorno precedente ma è quasi raddoppiata la discesa.

L'ultima tappa è la più lunga ma forse la più facile, con "solo" tre salite che ti separano da Firenze.

Anche in questo caso si può sostare nei punti tappa con la tenda e nel caso di pernottamento in b&b la scelta è molto ampia.

Come costruire la tua Via degli Dei

Una delle parti più divertenti della preparazione di un trekking è sicuramente quella di creare la propria divisione in tappe. Per questo in non ti limito nell'utilizzarne solo una.

Dopo aver visto alcune delle variazioni possibili, di seguito ti consegno i mattoncini per poter costruire la tua personale divisione se quelle proposte non dovessero soddisfare le tue esigenze.

Questi mattoncini sono formati da distanza e dislivelli positivo e negativo tra due check-point riconoscibili sul percorso per le loro caratteristiche di accoglienza o rifornimento cibo.

Questa divisione stringe maggiormente l'occhio a chi andrà a fare la via in b&b e in tenda nelle strutture, dato che sarebbe molto difficile aggiungere organicamente anche tutti gli spot tenda al di fuori di quelli ufficiali.

È il momento di costruire la nostra Via degli Dei!

Tappa 1:. . . . .

Tappa 2:. . . . .

Tappa 3: . . . .

Tappa 4: . . . .

Tappa 5:. . . . .

Tappa 6:. . . . .

Tappa 7:. . . . .

1 Bologna - Monte del Frate
23km ↗ 849m ↘ 459m

2 Monte del Frate - Brento
5km ↗ 257m ↘ 265m

3 Brento - Monzuno
10km ↗ 436m ↘ 272m

4 Monzuno - M. dei Fornelli
10km ↗ 469m ↘ 294m

5 M. dei Fornelli - Pian di Balestra
4km ↗ 334m ↘ 83m

6 P. di Balestra - P. della Futa
10km ↗ 331m ↘ 498m

7 P. della Futa - S. Agata
14km ↗ 406m ↘ 950m

8 S. Agata - S. Piero a Sieve
8km ↗ 71m ↘ 197m

9 S. Piero a Sieve - Tagliaferro
7km ↗ 286m ↘ 248m

10 Tagliaferro - Bivigliano
8km ↗ 604m ↘ 71m

11 Bivigliano - Fiesole
14km ↗ 335m ↘ 817m

12 Fiesole - Firenze
6km ↗ 57m ↘ 290m

3. DESCRIZIONE DEL PERCORSO

Come usare questa guida
(anche se forse lo hai già capito)

Se usi troppo la guida, ad un certo punto sarà la guida a usare te.- Camminatore Anonimo

Questa guida è fatta in modo da lasciarti la libertà di decidere dove e come fermarti: per questo il capitolo che segue non avrà alcuna divisione in tappe.

Se hai fatto bene i compiti delle pagine precedenti saprai già più o meno come andrai a dividere la tua Via degli Dei. Per questo durante la descrizione del percorso non ti dirò mai dove fermarti.

Questo capitolo si imbarca nell'arduo compito di raccontarti il percorso e di darti gli strumenti per non essere mai preso alla sprovvista da esso.

Che si tratti di quanto cibo portare per una determinata parte della via, di quanta acqua o di qualche curiosità storica che vale la pena conoscere.

Oltre alla descrizione nuda e cruda per non perderti e per non avere dubbi riguardo un sentiero da imboccare o una deviazione da prendere, saranno presenti consigli e trucchetti per rendere la tua Via degli Dei meno disagiata possibile.

La descrizione è divisa in 12 sezioni che sono le stesse che hai trovato poco fa nei mattoncini per costruire il tuo percorso. Alcune sono lunghe altre sono corte, ma in questo modo sarà più facile orientarti all'interno della guida per sapere sempre dove ti trovi.

Buon viaggio!

SEZIONE 1. BOLOGNA

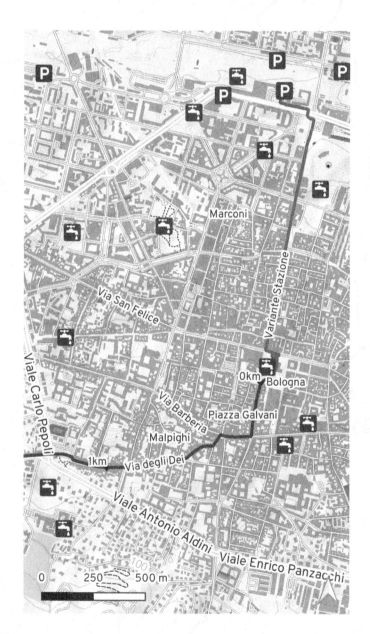

→ Monte del Frate

Questa prima sezione avrà in serbo per te una corta ma ripida salita fino al Santuario della Madonna di San Luca dove poter ammirare Bologna dall'alto. La lunga traversata del corridoio verde a lato del Fiume Reno e l'inizio delle prime vere salite. Purtroppo non mancherà l'asfalto, che però ti consentirà di avvicinarti ai primi sentieri appenninici.

La Via degli Dei parte ormai per tradizione consolidata da **Piazza Maggiore** a Bologna. Con forte probabilità però, se hai deciso di raggiungere Bologna in treno la tua Via degli Dei partirà 1,4km prima di Piazza Maggiore, ovvero dalla **Stazione Centrale** di Bologna. Se questo è il caso segui dall'interno della Stazione le indicazioni per **Piazza delle Medaglie d'Oro** e da lì dirigiti verso **Porta Galliera** attraversando il passaggio pedonale davanti al fast food. Da lì prosegui fino a **Via Indipendenza** che ti accompagnerà dritta senza cambiare mai direzione, per circa un chilometro fino a **Piazza Maggiore**.

Dopo le foto di rito e magari l'incontro con qualche altro camminatore la Via degli Dei sta davvero per iniziare! Purtroppo però da Piazza Maggiore **non ci sono indicazioni** o segnaletica legata alla Via Degli Dei, per questo l'itinerario che ti propongo è quello che nel tempo ho trovato più bello e veloce per abbandonare il caos cittadino ed evitare le strade con maggiore presenza di mezzi.
Dalla Piazza imbocca **Via Massimo D'Azeglio** fino

all incrocio con **Via De' Carbonesi**. Svolta a destra e attraversa la strada in corrispondenza della chiesa di San Paolo Maggiore imboccando **Via Collegio di Spagna**, basterà poi proseguire per altri 200m e sarai in **Via Saragozza**.

Acqua

Nella piazzetta del **Santuario della Madonna di San Luca** è presente una fontana, come anche alla sinistra del cancello principale. Non è quindi necessario affrontare la salita con troppa acqua (massimo 1L). Sono presenti anche i bagni pubblici.

Dovrai percorre **Via Saragozza** in direzione ovest. Lungo la via sono presenti moltissimi bar dove poter fare colazione prima della partenza, comprare un panino per il pranzo o la merenda. Prosegui per altri 600m prima di raggiungere **Porta Saragozza**.
Qui attraversa il passaggio pedonale per rimanere sempre su Via Saragozza ma questa volta per iniziare a camminare sotto il porticato ti condurrà al Santuario della Madonna di San Luca.

Sotto i portici sono ancora presenti innumerevoli bar dove fermarsi a comprare qualcosa o fare colazione oltre che piccoli negozietti di alimentari e forni. Dovrai proseguire per 1,6km lungo i portici serpeggianti (dai quali non dobbiamo deviare!) fino all'**Arco del Meloncello**.

Cibo

In questa prima sezione di percorso le possibilità di fare rifornimento di cibo sono relegate solo a Bologna. Se dovessi cenare in b&b allora parti con pranzo e snack per la giornata, mentre se la tenda fosse il tuo riparo per la notte parti anche con la cena e la colazione per il giorno seguente.

Curiosità

Il porticato coperto di San Luca è considerato il più lungo del mondo con le sue 666 arcate poste a rappresentare il serpente, che viene infine schiacciato dalla Madonna posta alla sua cima.

Da qui iniziano i 2km e 216m di salita che ti condurranno al **Santuario della Madonna di San Luca**. Prenditi il tempo di respirare e di assaggiare la prima salita della Via degli Dei che sulle gambe non è assolutamente una passeggiata soprattutto con lo zaino carico del primo giorno.

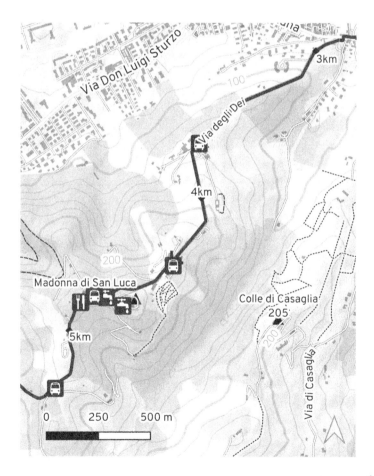

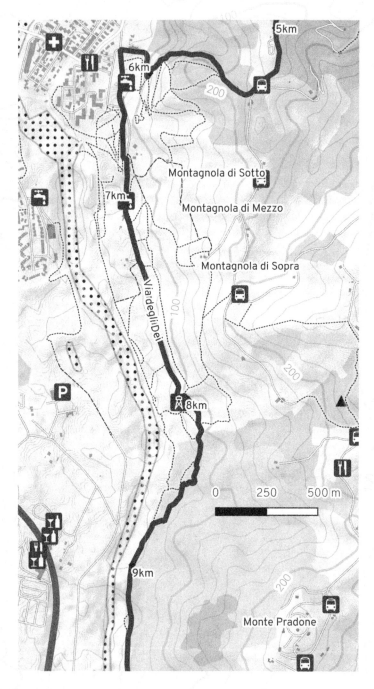

Montagnola di Sotto

Montagnola di Mezzo

Montagnola di Sopra

Via degli Dei

Monte Pradone

| 0 | 250 | 500 m |

Una volta arrivato in cima, scendi le scale che portano dalla piazzetta interna del Santuario fino al cancello, sulla sinistra troverai una fontana. Prosegui su asfalto per **Via Monte Albano** costeggiando alla tua sinistra un guard rail con vista su San Luca. La strada svolta leggermente a destra in discesa, presta particolare attenzione alle auto, moto e ciclisti dato che questo tratto presenta due curve ceche. Continua per altri 300m fino ad incontrare sulla destra un cancello e (finalmente) il primo segno della Via degli Dei! Scendi qualche gradino per immetterti lungo una strada sterrata che dopo un centinaio di metri ti condurrà ad un bivio. Svolta a destra. Si tratta del **Sentiero dei Bregoli**.

Il sentiero prosegue in discesa per 500m a volte parecchio ripido quindi al prossimo bivio prendi il sentiero a destra. Altri cento metri di cammino e sarai arrivato davanti a un vecchio bunker anti-aereo usato durante la Seconda Guerra Mondiale e oggi casa di molti chirotteri (pipistrelli).

Prosegui a sinistra entrando nel **Parco della Chiusa** o più comunemente chiamato **Parco Talon**. Il percorso prosegue lungo il viale principale tra le due file di tigli.

Curiosità

Il Parco della Chiusa, noto come Parco Talon è così chiamato perché è costituito dagli ex possedimenti dei Marchesi Sampieri Talon che dal 600' costruirono molte ville. Dal 1975 il parco è di proprietà comunale.

Acqua

Pochi passi dopo l'entrata del parco è presente una fontana con molti rubinetti che ti permetteranno di fare il pieno di acqua. Poco più avanti è presente un'altra fontana a volte non attiva. Ne troverai poi un'altra circa 5.5km più avanti nei pressi dell'**Oasi di San Gherardo**.

Passata la fontana troverai sulla sinistra i resti di **Villa Sampieri-Talon,** a questo punto prendi la strada asfaltata a sinistra o il sentiero davanti a te che poco dopo svoltando a sinistra si ricongiunge con la strada asfaltata. Continua su questa strada (**Via Panoramica**) per 1.2km incontrando una fontana (quella menzionata sopra), aree di sosta e in generale tante persone che camminano o vanno in mtb vista la .

Al termine di **Via Panoramica** sulla quale è impossibile perdersi nonostante l'assenza di segni, ti ritroverai in un piccolo spiazzo ghiaiato con al centro una quercia di medie dimensioni.

Sulla destra è presente una **torre di osservazione** dove poter guardare da una posizione privilegiata la valle del **Reno** che ora si trova più vicino che mai alla tua destra.

L'asfalto che ti ha accompagnato quasi sempre fino ad ora lascia spazio ad uno stretto sentiero che si districa nella macchia composta da rovi, ginestre, prugno selvatico e rosa canina.

Attenzione!

In questo tratto presta particolarmente attenzione ai cartelli e segui solo quelli che indicano V.D. e la frecce corrispondenti. Questi percorsi mutano di anno in anno per il passaggio di così tanti camminatori ed è probabile che troverai numerose tracce che conducono poi al medesimo sentiero creatosi per evitare le pozze d'acqua che si formano al centro del sentiero dopo le piogge.

Questa sezione di circa 4km potrà sembrare noiosa o poco interessante ma riserva grandi sorprese agli occhi più attenti.
Lungo il primo tratto di macchia più arido e colpito dal sole emerge per pochissimi metri una formazione geologica interessantissima che la maggior parte dei camminatori calpesta senza pensarci, la **Vena del Gesso Bolognese**

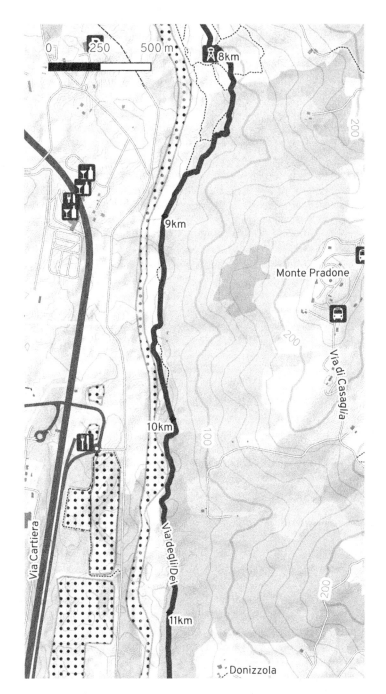

8km

9km

10km

11km

Monte Pradone

Via di Casaglia

Via Cartiera

Via degli Dei

Donizzola

0 250 500 m

100

200

200

200

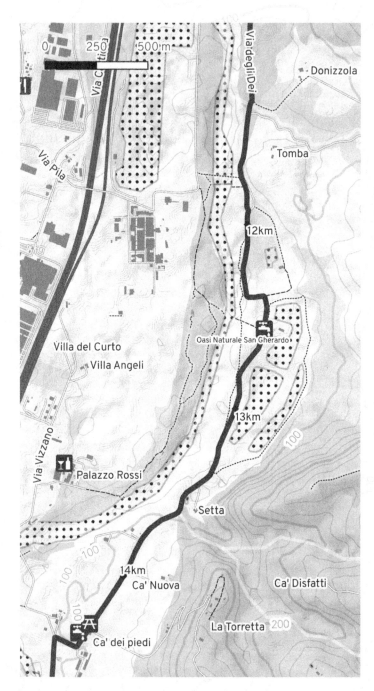

Curiosità

Quelli ai vostri piedi sono cristalli di gesso! Questi depositi si sono formati nel al periodo **Messiniano** (ca. 6-5 milioni di anni fa) a fronte di un evento tettonico che ha causato la chiusura dello **Stretto di Gibilterra**. L'assenza di uno sbocco con l'**Oceano Atlantico** ha portato ad una progressiva evaporazione del mare lasciando solo pozze salmastre nelle quali si sono depositate grandi quantità di sali. Nel corso di quasi un milione di anni si sono formati 15 strati di gesso alti fino a 20m.

Quando poi avrai passato le radure più aride entrerai lungo il corridoio verde che costeggia il **Reno**, trovando una grandissima varietà di fauna (orme ed escrementi) e flora che fa di questo luogo la casa di moltissime specie, che lo utilizzano come collegamento tra la collina e la pianura.

Questo tratto boscoso prosegue per 1,6 km sempre in direzione sud e termina in prossimità di un bivio tra due strade sterrate molto larghe: dovrai prendere quella a destra.
La strada continua su fondo dissestato per un chilometro. La strada svolta a sinistra e ti farà passare attraverso un grande cancello verde. Un centinaio di metri dopo sul lato sinistro troverai una fontana davanti all'**Oasi di San Gherardo**, questa è riparata da una tettoia di recente costruzione.

Dopo 500m ti ritroverai di nuovo sulla strada asfaltata dove ti accoglierà una salita molto breve ma abbastanza ripida che farà uscire dal torpore le tue gambe ormai abituate a km senza dislivello.
Proseguendo per un altro km in località **Ca' dei Piedi** troverai un'area picnic con un tavolo e acqua potabile creata dagli abitanti della zona dove poter fare una breve sosta. Consiglio di non sostare troppo, specialmente in estate, per evitare di dover poi camminare durante le ore più calde della giornata nelle zone più esposte al sole.

La strada asfaltata svolta a destra e poco dopo a sinistra. Qui troverai le indicazioni per il **Ponte di Vizzano**, un'opera architettonica di grande valore e molto suggestiva che però richiede una deviazione di circa 1 km per andare e tornare a visitarlo, a te la scelta. Al momento della scrittura di questa guida il ponte è chiuso per manutenzione.

Altri 300m lungo la strada e ti imbatterai nel belvedere che dà sul **Fiume Reno**. Questa sarà l'ultima volta in cui potrai ammirare il fiume da così vicino e con una così bella vista. Se hai ancora voglia di fare una pausa, la signora che abita davanti al belvedere è sempre pronta a fare un caffè per gli escursionisti al prezzo di una piccola offerta.

Da qui in poi e per i prossimi 2 km la strada rimane asfaltata e abbastanza esposta al sole. Forse uno dei tratti meno piacevoli della Via degli Dei. Passerai di fianco all'area di allenamento degli **Arcieri della Rupe** (non spaventarti per gli animali finti) e successivamente all'area ecologica (davvero poco attrattiva).

Acqua

Come avrai notato anche dalla tabella di pagina 26 circa ogni 4km è presente una fonte d'acqua. Questo almeno fino a Brento. Per questo motivo non caricati troppo. 1L ad ogni fontana è più che sufficiente a mantenerti idratato!

In prossimità dell'area di allenamento degli arcieri è presente inoltre un'altra **fontana**. Poco dopo l'area ecologica è necessario prestare particolare attenzione all'incrocio con la **SP. 37 Via Vizzano** che devi attraversare svoltando a destra in salita, ma camminando nel senso di marcia opposto alle vetture. Superata quasi completamente la curva in salita troverai alla tua sinistra numerosi cartelli che indicano il proseguimento della **Via degli Dei**.

Se desideri fermarti a Sasso Marconi è possibile continuare lungo la SP. 37 (rapida ma brutta) oppure salire a Mugnano di Sopra e da li imboccare il sentiero Via degli Dei Variante.

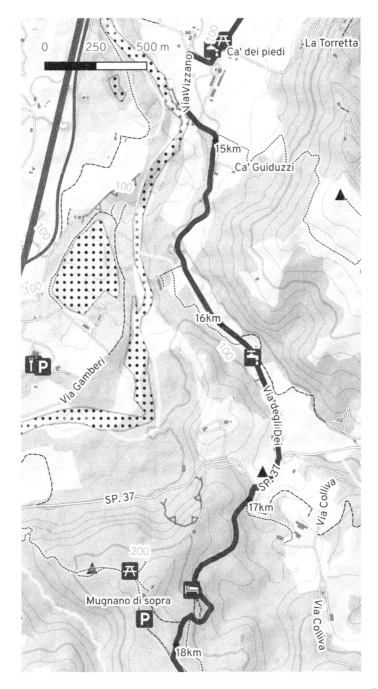

0   250   500 m

La Torretta

Ca' dei piedi

Via Vizzano

15km

Ca' Guiduzzi

100

100

100

Via Gamberi

16km

100

Via degli Dei

SP. 37

SP. 37

17km

Via Colliva

200

Mugnano di sopra

Via Colliva

18km

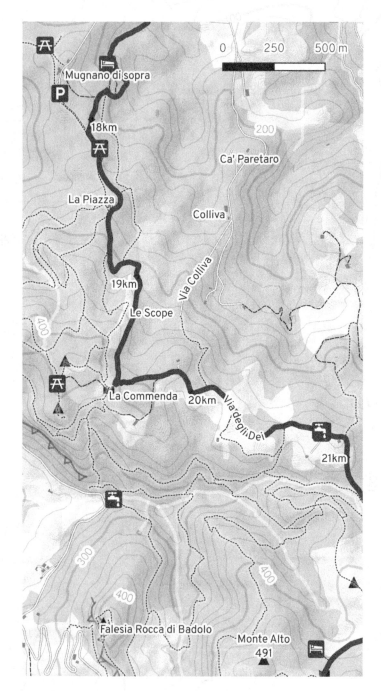

La gioia non durerà a lungo visto che il sentiero inizia subito a salire prima in modo dolce poi più rapidamente fino a portarti in prossimità dei **Prati di Mugnano**. Il sentiero qui rimane sotto l'omonimo b&d tagliando il prato a est. Dopo pochi metri il sentiero sale rapidamente verso destra, ritorna su un brevissimo tratto di strada carrabile per poi salire nuovamente e ripido a sinistra lungo un altro sentiero rovinato dalle piogge. Dopo questo breve strappo ti ritroverai su una strada carrabile, proseguimento della strada asfaltata che porta al parcheggio in località **Mugnano di Sopra**. Qui prosegui verso sud costeggiando alla tua sinistra un'area pic nic dove se dovessi essere davvero molto stanco o arrivare tardi è possibile bivaccare con la tenda per la notte.

La strada bianca prosegue poi per un tratto asfaltato in ripidissima salita verso destra fino alle due case della località **La Piazza** qui il sentiero diventa sabbioso e più dolce e prosegue verso sud incontrando dopo pochi passi una panchina.
Il percorso ora è coperto dalle fronde degli alberi che specialmente nei mesi estivi offrono riparo dal sole. L'ideale è arrivare in questa località prima o in corrispondenza del pranzo per poter usufruire dell'ombra se dovessi percorrere la Via degli Dei in estate.

Si prosegue per altri 700 m quando incontrerai un trivio, dove proseguendo dritto si arriverà a **Badolo**, mentre a sinistra si prosegue lungo la Via degli Dei. La direzione da prendere dipende da dove vorrai dormire (vedi tabella 1 in appendice).
Continua quindi lungo il sentiero alla tua sinistra che dopo 500 m si immette nella strada bianca **Via Orchidee**. Dopo poco più di un chilometro di saliscendi troverai una fontanella.

Deviazione?

A **Badolo** oltre alla chiesa dove poter piantare la tenda, **La Vecchia Ostaria** non offre opzioni di pernottamento quindi conviene escludere l'opzione a causa della deviazione che comporterebbe il giorno dopo, ovvero il dover risalire a **Monte del Frate** con un grosso dispendio di energie.

SEZIONE 2. Monte del Frate → Brento

Sezione molto breve del percorso ma anche una delle più belle con la salita a Monte Adone, la cima più bella del Parco del Contrafforte Pliocenico. Gli antichi resti geologici di una linea di costa antica milioni di anni. Quando il mediterraneo sommergeva ancora tutto il territorio italiano.

Prosegui per altri 1,2 km di saliscendi dolce e rilassante restando sempre su **Via Orchidee**, la quale si congiunge poi all'incrocio con la **S.P. 58 Via Montelungo**. Svolta a destra lungo la strada asfaltata che ti porterà dopo poco più di 200 m davanti all'ingresso del **B&B Nova Arbora**, primo vero punto tappa della Via degli Dei.

Punto Tappa

Fino a questo punto avrai percorso già 22 km e se il tuo obbiettivo è quello di prendertela con calma questo è il posto ideale dove fermarsi. Fai comunque sempre riferimento alla grande tabella a inizio guida con la lista dei posti dove pernottare.

Se dovessi decidere di proseguire, dopo 50 m il percorso continua salendo sulla sinistra lungo una strada bianca (**Via delle Valli**).

Dopo 600m in salita in prossimità dello sella è importate prestare molta attenzione perché il sentiero svolta a destra con due sentieri distinti, dovrai prendere quello più basso. Dopo un centinaio di metri è possibile, voltandosi, vedere in lontanza il profilo di **San Luca**. Dopo circa 1km e 70m di salita attraverso un piccolo bosco, arriverai al **Passo Monte del Frate**, poco sotto la cima a quota 540 m. Poco più avanti, passata la radura, troverai il **B&B Sulla Via degli Dei**, altro possibile posto tappa.

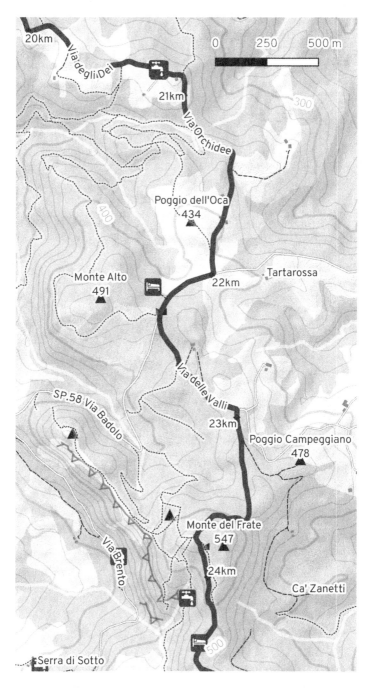

20km

Via degli Dei

21km

Via Orchidee

300

Poggio dell'Oca
434

Via delle Valli

400

Monte Alto
491

22km

Tartarossa

23km

SP.58 Via Badolo

Poggio Campeggiano
478

Monte del Frate
547

Via Brento

24km

Ca' Zanetti

500

Serra di Sotto

0   250   500 m

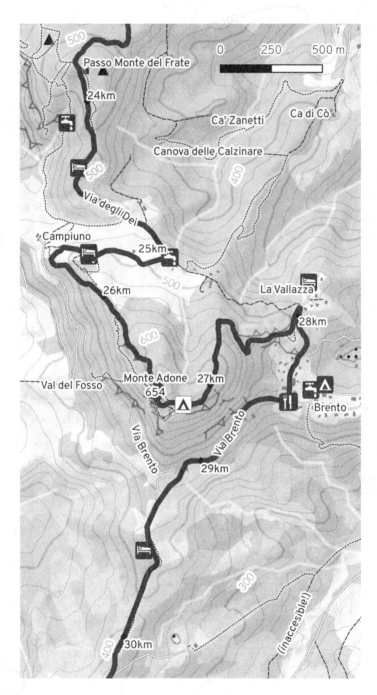

Passo Monte del Frate

24km

Ca' Zanetti   Ca di Cò

Canova delle Calzinare

Via degli Dei

Campiuno

25km

La Vallazza

26km

28km

Val del Fosso   Monte Adone
654   27km

Via Brento   Brento

Via Brento

29km

30km

(inaccessibile!)

0   250   500 m

In questa zona è possibile sentire strani suoni prove-
nire dalla macchia e a volte anche ruggiti! Si tratta del
Centro di Tutela e Ricerca Fauna Esotica e Selvatica
dove è presente un leone e che negli anni ha ospitato
ben 29 grandi felini tra tigri e pantere.

Seguendo la strada sterrata in discesa e superato
questo inusuale luogo avrai tre opzioni: fermarti, salire o proseguire.

Fermarsi

In questo caso all'incrocio con Via
Brento svolta a destra per trovare l'**A-
griturismo Piccola Reieda** pronto ad
accoglierti.

Salire

Prendi la stessa strada indicata sopra
se vuoi salire su **Monte Adone**, dove
potrai goderti un bel tramonto e proseguire fino a **Brento**. In alternativa
potrai piantare la tua tenda in cima al
monte (1 solo posto) oppure poco sotto la cima lungo il sentiero che scende
verso Brento in un ampio spazio riparato dagli alberi.

Proseguire

Nel caso fossi troppo stanco e avessi
prenotato la tua sistemazione a **Brento** o volessi fermarti al campo sportivo con la tenda c'è la possibilità di
tagliare la salita proseguendo dritto
invece di svoltare a destra all'incrocio.
In alternativa segui le indicazioni per
la salita e scendi verso Brento stando
molto attento ai segni rossi e bianchi.
Dopo poco ti ritroverai su Via Vallazza
di Brento dove dovrai svoltare a destra
seguendo la strada in discesa.

Monte Adone

Monte Adone è diventato un po' il simbolo della Via degli Dei (è rappresentato anche in copertina) con la sua conformazione a strapiombo sulla **Valle del Reno**.

In realtà questa cima fa parte della più ampia struttura geologica del **contrafforte pliocenico** ed è formato da arenaria, ovvero sabbia compattata nel corso dei milioni di anni.

Dalla cima voltandosi verso nord è possibile vedere in ordine, **Monte del Frate**, la **Rocca di Badolo** con relativa falesia e poi **Monte Mario** che nasconde **Sasso Maconi** alla vista.

Per salire in cima è necessario passare davanti all'agriturismo la **Piccola Reieda**, scendere per un centinaio di metri e poi prendere il primo sentiero in salita a sinistra. Se stai salendo al tramonto ti si aprirà davanti la **Valle del Reno** illuminata dal sole a sud.

Il sentiero a questo punto prevalentemente in salita non presenta difficoltà nella navigazione. Basta stare sul lato rivolto a sud ovest e non farsi ingannare dai sentieri che vanno a nord. Fortunatamente il percorso è stato attrezzato recentemente con dei gradini di legno che rendono la salita molto più agevole.

Non farti trarre in inganno dalla prospettiva: ti sembrerà di essere arrivato almeno un pio di volte ma non è ancora la cima di Monte Adone che puoi riconoscere in lontananza per via della croce. Dietro quest'ultima è presente una cassetta in metallo con al suo interno un libricino di vetta.
Presta molta attenzione ai tratti esposti e non rischiare di sporgerti dalle scarpate per foto o video.

Per scendere basta prendere il sentiero molto ripido che dalla cima prosegue verso est. Dopo 1.2km di discesa eccoti a **Brento**. Prendi la strada asfaltata a destra per arrivare in paese.

Brento

Brento è il primo paesino appenninico che incontrerai lungo la tua traversata da **Bologna** a **Firenze**. Incastonato sotto le pendici del **Monte Adone** è situato tra le valli del **Setta** e del **Savena**.

Brento al momento è un piccolo borgo di circa 130 abitanti ottimo punto tappa della Via degli Dei, specialmente per chi desidera dormire in tenda.

Tenda

Il suo campo sportivo con il vicino **Circolo Monte Adone** infatti permette di piantare la tenda in un ampio prato. Questo avviene gratuitamente e per un contributo di €5 di utilizzare le docce, lo spogliatoio e caricare il cellulare.

B&B e cibo

Al momento a **Brento** sono presenti due b&b a inizio guida. Un paio di km dopo il paese invece troverai un agriturismo. È anche presente una trattoria con bar (apre alle 9) e il circolo sportivo ha un piccolo bar aperto il week end.

Vecchia trattoria Monte Adone
+39 051 6775126 - +39 348 9002530
trattoriamonteadone@alice.it

Acqua

Sono presenti due fontane, la prima è quella nei pressi della trattoria in corrispondenza con il parcheggio. La seconda invece si trova davanti al **Circolo Monte** Adone.

SEZIONE 3. Brento →

Forse la parte di Via degli Dei meno piacevole per via del lungo tratto di asfalto, specialmente dopo la vista del giorno prima. Fortunatamente la distanza tra Brento e Monzuno è di soli 9km. Presta molta attenzione alle auto e cammina sulla parte sinistra della carreggiata dove necessario. Esiste la possibilità di saltare questo tratto prendendo l'autobus in caso di necessità.

Da **Brento** prosegui lungo **Via Monte Adone** passando davanti alla **Vecchia Trattoria Monte Adone**. Da qui continua a destra su asfalto per 800m fino al bivio con **Via Brento**, dove prenderai la sinistra in direzione di **Monzuno**.

Nel corso degli anni il percorso lungo questo tratto è stato modificato più volte, aggiungendo a lato della strada numerosi sentieri per evitare il traffico e l'asfalto.

Prosegui per 1,2 km fino al bivio, la prima delle deviazioni sopra citate. Svolta a destra e imbocca la strada asfaltata fino a **Casarola** per circa 1 km.
La strada dopo una curva a novanta gradi prosegue verso sinistra per altri duecento metri fino all'imbocco con il sentiero. Questo sale di circa 100m e dopo 1,2 km ti porterà di nuovo sulla strada asfaltata in prossimità di una fontana e di un cartellone informativo sulla storia di **Monterumici**, la cima e la località che hai evitato con questa variante non asfaltata.

Deviazione?

Il tuo obiettivo è quello di arrivare a **Monzuno** in fretta o la sera del primo giorno? Allora continua lungo la strada asfaltata, più breve ma con un paio di curve in salita molto ripida.
Il alternativa la deviazione sopra descritta è molto piacevole e con una bella vista su **Monte Adone**.

Monzuno

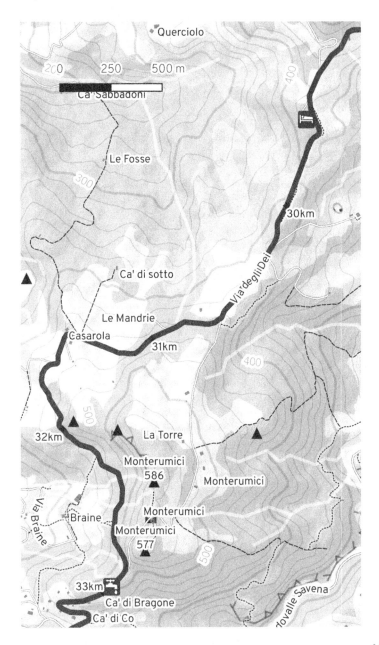

Querciolo

200   250   500 m

Ca' Sabbadoni

Le Fosse

300

400

30km

Ca' di sotto

Via degli Dei

Le Mandrie

Casarola

31km

400

32km

La Torre

500

Monterumici
586

Monterumici

Via Braine

Braine

Monterumici

Monterumici
577

500

33km

Ca' di Bragone

Ca' di Co

dovalle Savena

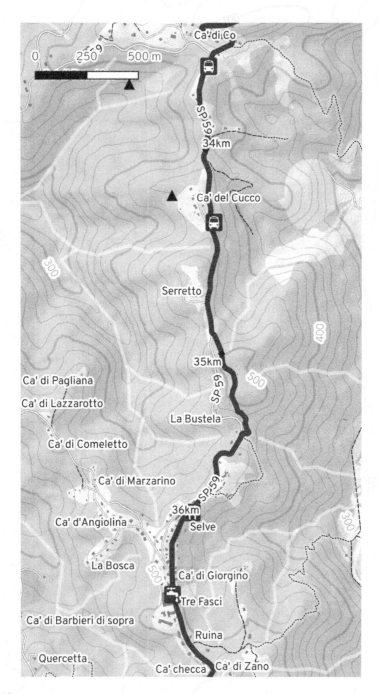

Ca' di Co

0   250   500 m

SP 59

34km

Ca' del Cucco

Serretto

Ca' di Pagliana

Ca' di Lazzarotto

35km

SP 59

La Bustela

Ca' di Comeletto

Ca' di Marzarino

SP 59

36km

Ca' d'Angiolina

Selve

La Bosca

Ca' di Giorgino

Tre Fasci

Ca' di Barbieri di sopra

Ruina

Quercetta

Ca' checca   Ca' di Zano

Prosegui lungo la strada in discesa incontrando due
tornanti per poi immetterti a sinistra lungo la **Strada
Provinciale 59 Monzuno**.

Da qui è impossibile sbagliare, basta seguire la strada
e talvolta le deviazioni a lato che ti permetteranno di
tirare un sospiro di sollievo dall'asfalto. Continua così
per 2,5 km fino ad arrivare a **Selve** dove è presente un
bar-alimentari e poco dopo a **Tre Fasci**, dove davanti
alla stazione dei pompieri è presnete una **fontana**.
Da quest'ultima località prosegui lungo l'asfalto per
un altro chilometro in salita fino alla rotonda di Monzuno.

Prendi qui la prima uscita a destra che sempre proseguendo in salita ti porterà in breve (400m) al cartello
di inizio del centro abitato.

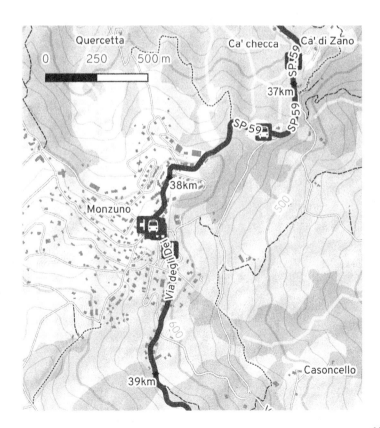

Monzuno

Monzuno si trova alle pendici nord di **Monte Venere** (965m) sullo spartiacque di **Setta, Sambro** e **Savena**. Il nome (rimanendo in tema mitologico) sembra derivare dalla trasformazione del toponimo Mons Junonis.

Monzuno è il primo paese della Via degli Dei provvisto di alimentari e supermercato dove poter fare rifornimento di cibo. Offre inoltre numerose possibilità di alloggio.

Mangiare

Sono presenti tre bar: **Bar Posta, Bar Franco** e una **Pasticceria** posti sulla via principale. Inoltre troviamo anche tre ristoranti: **Pizzeria Ristorante Giardino, Tradizione Appennino** e **Albergo Ristorante Montevenere**. È presente anche una pizzeria d'asporto: **La Piazzetta**.

Dormire

A Monzuno sono presenti numerosissimi b&b e affittacamere. Puoi trovarli tutti nella tabella a inizio guida. Questo rende Monzuno un ottimo posto tappa nel caso volessimo dividere la Via in 6 tappe (come seconda notte) o in 3 come primo posto tappa.

Acqua

Nella piazza principale di fianco ad un pratico distributore automatico della **farmacia** è presente una **fontana**.
Sempre in piazza sono presenti anche molte panche dove potersi sedere per mangiare o riposarsi.

Alimentari e supermercati

Se dormi in tenda in autonomia questi alimentari saranno vitali per rifornirsi di cibo per i prossimi giorni. Specialmente tenendo conto che fino a **San Piero a Sieve** troverai soltanto due mini alimentari, a **Madonna dei Fornelli** e **Sant'Agata**. Il mio consiglio è quello di fare rifornimento per i pasti che prevedi di passare lontani dai centri abitati qui a **Monzuno**. Il primo alimentari si trova un centinaio di metri prima della piazza principale sulla destra. Sempre poco prima della piazza troverai un forno davvero molto fornito e infine una **Crai** 100m dopo la piazza lungo il percorso.

La Bottega: L-S 7:30-13 16:30-19
Il Forno Pasta: L-S 7:30-13
Crai: L-S 7:30-13 16:30-19 D 08 - 12: 30

Tenda

Per chi desidera invece dormire in tenda sarà necessario proseguire per un altro chilometro seguendo il percorso della Via degli Dei. Troverai così l'**Area Sosta Tende Pantheon** aperta ogni giorno dalle 17:00 alle 10:00. È consigliato chiamare i seguenti numeri per informazioni prima di sostare:
339-3726190
328-4797785

Trasporti

A sinistra della piazza di Monzuno passa la linea 827 Tper Sasso Marconi Stazione - Vado - Monzuno.
In caso di necessità è possibile anche tornare a Bologna prendendo poi il treno da Sasso Marconi.

SEZIONE 4. Monzuno →

Dopo tanto asfalto finalmente camminerai lungo un sentiero immerso nella natura tra castagneti e un sorprendente museo naturale psichedelico nascosto tra la vegetazione.
Dopo aver conquistato Monte Venere, il parco eolico di Monte Galleto ti accompagnerà poi fino a Madonna dei Fornelli.

Dalla piazza si prende **Via Provinciale** verso sud. Prosegui a destra al bivio sulla strada asfaltata in leggera salita e dopo tre tornanti avrai la possibilità di salire da una scaletta che si immette in una piccolo parco alberato.

Da qui prosegui per 150 m prima di svoltare a destra su una strada in salita. Alla tua destra troverai il campo sportivo di **Monzuno** che ospita l'**area sosta tende Pantheon**.
La strada da asfaltata diventa sterrata e prosegue lungo una ripida salita per 500 m fino ad un bivio dove dovrai svoltare a sinistra.

Finalmente in piano verrai accolto dal **Museo Parco D'Arte nella Natura**. Una raccolta diffusa di opere di land art dove troverai anche l'iconico murales psichedelico che forse hai già visto in molte foto

Da qui il sentiero entra all'interno di un bosco di castagni, cerri e betulle e prosegue in salita per 500m fino ad arrivare ad un castagneto dove il sentiero, sempre in salita, si districa tra le grandi piante.

Questo luogo è di proprietà privata ed è importante rispettare il luogo ed evitare quindi di raccogliere castagne. Sembra che piantare la tenda senza lasciare tracce sia tollerato ma non garantisco per il successo di una notte in quest'area che risulta anche più fredda delle zone circostanti trovandosi rivolta verso nord e a ridosso di un ruscello.

Madonna dei Fornelli

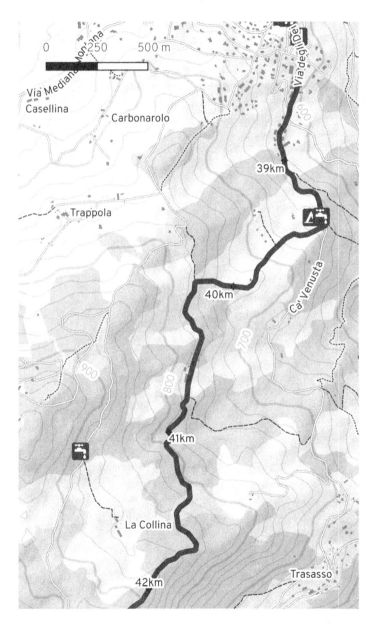

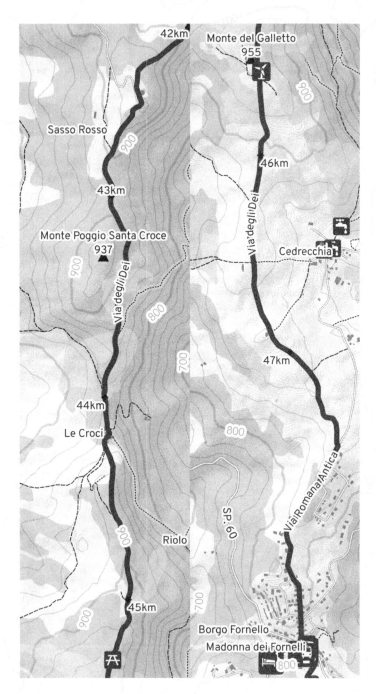

42km
Monte del Galletto
955

Sasso Rosso

900

43km

46km

Via degli Dei

Monte Poggio Santa Croce
937 ▲

Via degli Dei

Cedrecchia

900

800

47km

700

44km

Le Croci

800

900

Via Romana Antica

Riolo

SP.60

45km

700

Borgo Fornello
Madonna dei Fornelli
800

Poco dopo il castagneto attraversa un ponte che porta all'interno di un altro piacevole sentiero in salita all'interno del bosco. Questo procede senza deviazioni sempre in salita per quasi 1 km fino a sbucare davanti al ripetitore di **Monte Poggio Santa Croce**.

Quest'ultimo come anche **Monzuno** d'altronde, erano ben visibile dalla cima di **Monte Adone** volgendo lo sguardo verso sud.

Prosegui a sinistra passando radente il muro che delimita il ripetitore e immettiti lungo un breve sentiero che taglia i tornanti asfaltata alla tua destra.

Percorrilo in discesa per 300 m fino a congiungerti con una strada sterrata lungo la quale è necessario proseguire a sinistra in direzione sud. La strada continua per 1,5 km con saliscendi prevalentemente in discesa fino ad arrivare alla località **Le Croci** dove troverai un piccolo nucleo abitativo.

Al primo bivio prosegui a destra e quello subito dopo a sinistra mantenendola in salita. La strada continua in salita per 1,4 km fino a giungere al cospetto dell'impianto eolico di **Monte Galletto**.

Anche questo era visibile all'occhio più acuto dalla cima di **Monte Adone**. Da qui hai una bellissima visione panoramica: alla tua sinistra della valle del **Savena** mentre alla tua destra potrai vedere la **Val di Sambro**. La strada sterrata continua in discesa per 2 km passando a poca distanza dal borgo di **Cedrecchia** a soli 200m a sinistra del percorso. Continua lungo la strada bianca fino ad arrivare alla strada asfaltata **Via Romana Antica**.

Prosegui a destra lungo Via Romana Antica in discesa per un chilometro fino ad arrivare nel centro di **Madonna dei Fornelli** all'incrocio con SP60.

Madonna dei Fornelli

Madonna dei Fornelli è una frazione del Comune di San Benedetto Val di Sambro e conta poco più 400 abitanti. Si trovano tracce del paese sin dall'epoca romana e il suo santuario è del 1630. Ad oggi accoglie migliaia di camminatori ogni anno e ha un'offerta ampissima per chi desidera fermarsi. Molto probabilmente se hai deciso di dividere la Via in 5 giorni questo sarà il tuo fine tappa.

Mangiare

Nonostante le piccole dimensioni a Madonna dei Fornelli troverai due birrerie: American Pub da Ceppo, Skal Beer & Wine Shop e due alberghi ristorante Albergo Ristorante Poli, Albergo Romani. Tutti ottimi posti dove fermarsi, negli ultimi due casi anche a dormire.

Dormire

Oltre ai sopra citati alberghi sono presenti anche numerosi b&b e affittacamere. Tutti presenti in tabella a inizio guida. Consiglio di prenotare per tempo essendo questo un posto tappa estremamente frequentato.

Acqua

Davanti al Santuario della Madonna delle Neve è presente una fontana.
La prossima sarà tra 5km di salita nel caso fosse estate è meglio riempire almeno una borraccia da 1L.

Alimentari e supermercati

Come può mancare un piccolo alimentari in un paese votato ai camminatori di passaggio?

Anche qui a Madonna dei Fornelli è possibili trovare un **mini alimentari** con la possibilità di farsi fare anche un panino.

Appennino Gnam: L-S 08-13 16:30-19 D 09 - 12:30

Tenda

Per chi vuole dormire in tenda di farlo con qualche servizio essenziale. Sul retro dell'**Albergo Poli** c'è un prato con una piccola doccia e un filo per stendere i panni. Basta chiedere all'Albergo la disponibilità.

SEZIONE 5. Madonna dei Fornelli →

Il tratto di percorso tra Monzuno e Madonna dei Fornelli è stato solo un assaggio di quello che ti aspetta. La Via sale di quota fino a raggiungere, immerso nel bosco, Monte dei Cucchi a 1140m per poi ridiscendere dolcemente e attraversare il borgo di Pian di Balestra. Antico crocevia appenninico.

Il tratto di sentiero che stai per intraprendere è probabilmente uno dei più suggestivi. Sarai immerso fino al collo in un bosco che richiama ad un Appennino nascosto e impervio, fatto di paesini che spuntano all'improvviso dai rimboschimenti di abete rosso e da antiche strade romane che fanno capolino tra le faggete.

Se sei amante delle camminate al riparo delle fronde questa sezione di percorso è quella che fa per te. Sono rari i tratti non coperti dalla fitta chioma degli alberi e nei mesi estivi può essere ristoratore camminare un po' all'ombra.

Dalla **Chiesa della Madonna della Neve** il sentiero prosegue in salita su asfalto mantenendo la destra al bivio. Continua a camminare per 400m lungo i tornanti mantenendo sempre la sinistra fino ad imboccare uno stretto e ripido sentiero che troverai sulla destra. Questo ritorna poi su asfalto passando di fianco ad un nucleo di case. Continua per altri 200m sulla strada asfaltata in salita per tornare poi seguendo le chiare indicazioni lungo un sentiero immerso tra i campi coltivati.

Prosegui per altri 400 m sempre in salita per l'ultimo breve tratto di strada (tenendo sempre la destra) asfaltata per immetterti poi nel bosco.

Pian di Balestra

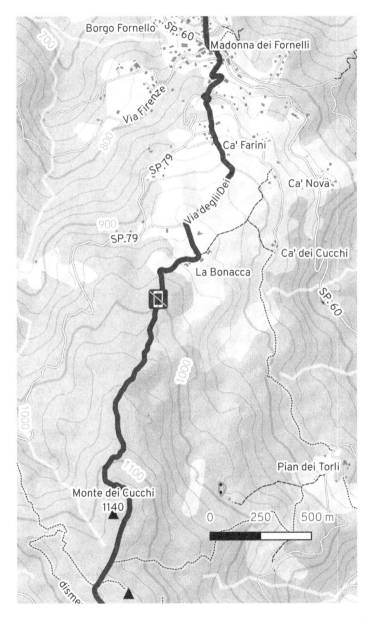

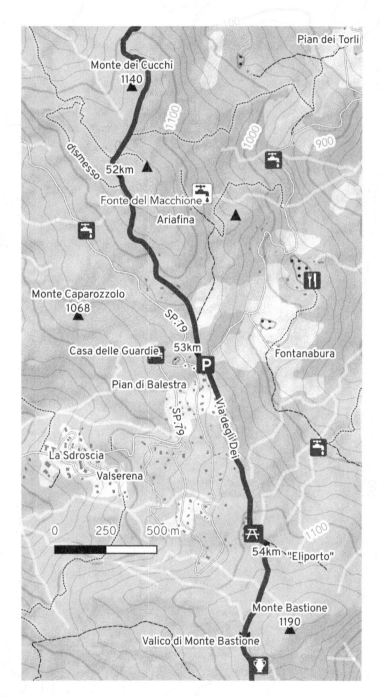

Pian dei Torli

Monte dei Cucchi
1140

1000

1000

900

dismesso

52km

Fonte del Macchione

Ariafina

Monte Caparozzolo
1068

SP.79

Casa delle Guardie   53km

Pian di Balestra

P

Fontanabura

Via degli Dei

SP.79

La Sdroscia

Valserena

0   250   500 m

1100

54km "Eliporto"

Monte Bastione
1190

Valico di Monte Bastione

Il sentiero ora immerso nel bosco, prosegue ripido in salita per 1,5 km fino ad arrivare a pochissima distanza dalla cima di **Monte dei Cucchi** dov'è posta una antenna ripetitrice. Questo spot è sconsigliato per piantare la tenda dato che il vento soffia sempre forte su questo crinale

Il sentiero prosegue poi con un leggero saliscendi verso sud costeggiando sulla destra la recinzione che delimita l'area dell'antenna e poco dopo in discesa passando in mezzo ad un rimboschimento di abeti rossi fino a raggiungere l'inizio di **Via Monte delle Rose.**

Punto Tappa

Se il tuo piano è quello di proseguire oltre **Madonna dei Fornelli** a **Pian di Balestra** potrai trovare il **Rifugio Casa delle Guardie**. Ha camere con letti a castello, camere private e la possibilità di piantare la tenda all'esterno oltre che il servizio di colazione.

Continua lungo la strada che dopo pochi minuti ti porterà all'inizio dell'abitato di Pian di Balestra.

Il sentiero prosegue lungo **Via del Bastione** per 850m in leggera salita fino ad arrivare ad una piccola area di sosta con una panca e una **fontana**.

Acqua

Indipendentemente dall'orario di arrivo a **Pian di Balestra** questa fontana è molto preziosa. Se stai pianificando di dormire in tenda da qui al **Passo della Futa** questa è l'ultima fonte d'acqua sicura. Invece se dovessi proseguire la prossima si troverà tra 10km.
Fai rifornimento con almeno 1.5L

SEZIONE 6. Pian di Balestra →

Questo è indubbiamente il tratto più ricco di luoghi interessanti di tutta la Via degli Dei. Attraverserai il confine tra Emilia-Romagna e Toscana. Potrai camminare sul basolato romano della Via Flaminia Militare e vedere un antico forno di calce utilizzato dai romani per costruire le loro abitazioni.

Lasciata l'area di sosta il sentiero prosegue lungo la strada sterrata prima verso sinistra poi poco dopo verso destra, sempre in salita.

Stai passando di fianco all'**ex cava romana**, dove sono stati estratti i blocchi di arenaria utilizzati per costruire la strada romana che potrai finalmente ammirare fra poco. Prima di camminare sulla pietra calpestata più di 2000 anni fa dalle legioni romane dovrai però attraversare finalmente il **confine tra Emilia-Romagna e Toscana**. Questo è indicato da un piccolo cippo in cima a una brevissima ma ripida salita.

Attenzione a non perderlo!

Continua sempre lungo il sentiero per circa 300m di saliscendi fino a trovare alla tua sinistra un piccolo cartello posto di fianco ad un cancello.
È l'entrata al sentiero che dopo pochi metri conduce all'antica **Via Flaminia Militare**. Tra le foglie secche di faggio e il terreno umido sbucano numerosi blocchi di arenaria che costituiscono i resti dell'antica strada militare di cui stai solcando le orme.

Il sentiero ti riporta poi lungo il percorso che hai abbandonato poco fa. Tornato di nuovo sulla facilmente percorribile strada sterrata, continua in discesa passando una casa isolata alla tua sinistra. Prosegui per altri 500m di saliscendi molto leggero con alla tua si-

Passo della Futa

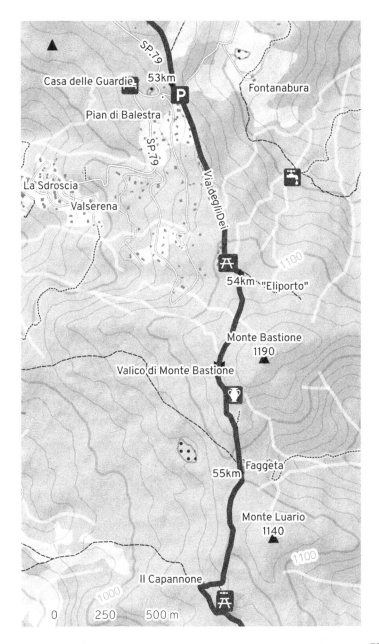

Casa delle Guardie 53km

Fontanabura

SP.79

Pian di Balestra

SP.79

Via degli Dei

La Sdroscia

Valserena

1100

54km "Eliporto"

Monte Bastione
1190

Valico di Monte Bastione

55km Faggeta

Monte Luario
1140

1100

Il Capannone

1000

0 250 500 m

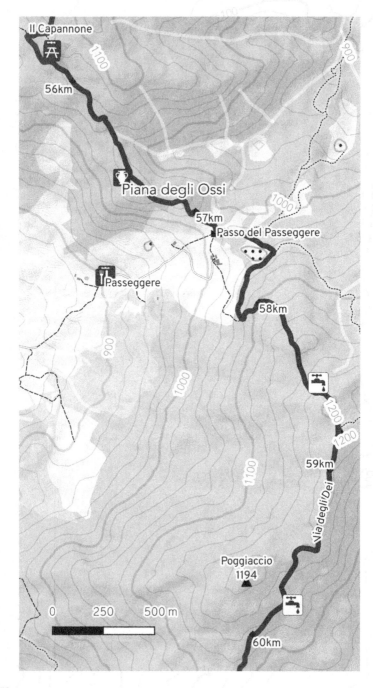

Il Capannone

56km

Piana degli Ossi

57km
Passo del Passeggere

Passeggere

58km

59km

Via degli Dei

Poggiaccio
1194

60km

0   250   500 m

nistra la cima di **Monte Luario**, dedicato a **Lua** la dea romana dell'espiazione. Seguilo fino ad arrivare a una grande radura con al centro di essa un **Capannone** e un albero isolato con i caratteristici cartelli della Via degli Dei.

Appena arrivato in cima alla radura sulla sinistra a ridosso della faggeta c'è un buon posto dove piantare le tende mentre all'interno della faggeta che macchia il grande prato sono presenti una fonte naturale (spesso secca) e una piccola area di ristoro con minacciosi cartelli indicanti proprietà privata.

Il sentiero prosegue sempre verso sud immergendosi nuovamente nella vegetazione. Continua a percorrerlo per altri 700m di leggera discesa fino a raggiungere un **antico forno romano** per la calce viva, materiale da costruzione utilizzatissimo sin dal tempo dei romani.
Prosegui per 600m di saliscendi fino a raggiungere il **Passo del Passeggere** dove al bivio prenderai la sinistra e poi a quello seguente poco dopo la destra costeggiando un laghetto artificiale. Il sentiero prosegue poi a destra rimanendo in costa e poi salre ripido a sinistra per 1 km fino a raggiungere la cima delle **Banditacce (1204m)**.

Immerso nella faggeta hai la possibilità di riposarti in una piccola area libera dalle piante con qualche tronco sul quale potersi sedere. Poco prima della cima è presente anche una fonte naturale.

Da qui in poi il sentiero prosegue per 4 km di discesa a volte ripida senza particolari intoppi. È però necessario prestare attenzione a un paio di bivi. Il primo è quello che svolta a sinistra in direzione **Traversa**: ignora questo ramo di sentiero e prosegui dritto.
Il secondo lo troverai dopo una serie di due tornanti e dovrai continuare a sinistra lungo il sentiero che stai percorrendo. Durante il weekend il suono dei motori anticiperà di molto la vista della strada dato che questo passo appenninico è estremamente famoso tra i motociclisti.

Eccolo finalmente il **Passo della Futa**, punto di metà percorso della Via degli Dei!

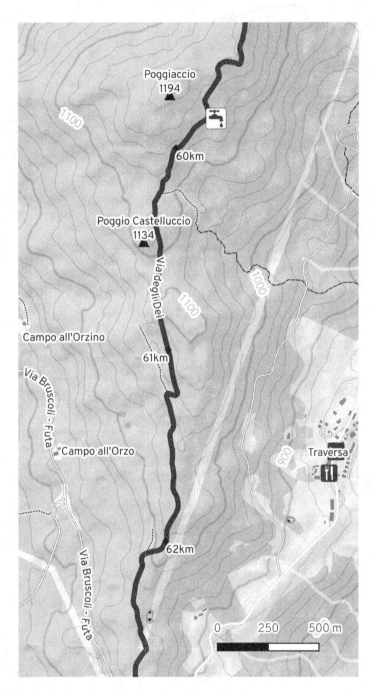

Poggiaccio
1194

60km

Poggio Castelluccio
1134

Via degli Dei

1100

1100

Campo all'Orzino

Via Bruscoli - Futa

61km

Campo all'Orzo

1000

900

Traversa

Via Bruscoli - Futa

62km

0   250   500 m

Passo della Futa

Attraversato dagli Etruschi, poi dai Romani, durante tutto il Medioevo e infine da noi, il **Passo della Futa** è uno dei più antichi e percorsi valici appenninici.

Durante la **Seconda Guerra Mondiale** è stato teatro di scontri sanguinosi lungo la **Linea Gotica** e oggi ospita l'imponente **Cimitero Germanico** che ospita più di 30.000 caduti tedeschi. Quest'ultimo è visitabile gratuitamente.

Risalendo verso nord la strada provinciale si può trovare il **Camping la Futa**. Un grande camping con posti tenda e posti letto. Ottimo come punto tappa.
Proseguendo invece verso sud-est troverai il **Ristorante Passo della Futa**. Ottimo invece per una sosta sopratutto grazie al prato antistante.

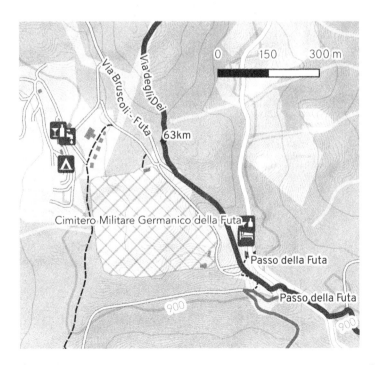

La Via prosegue poi a sinistra in discesa lungo la strada provinciale.
Per i camminatori che hanno deciso di concludere la tappa è possibile fermarsi al **Passo della Futa** (camping e affittacamere) o a **Monte di Fo'** dove sono presenti un camping e un albergo ristorante.

Deviazione

Per raggiungere la località **Monte di Fò** è necessario svoltare due volte a destra: sul breve sentiero in discesa prima della rotonda che si biforca dalla strada provinciale e poi per pochi metri immettendosi nuovamente lungo sentiero alla tua sinistra.

Questo sentiero è notevolmente più bello e agevole rispetto ai tornanti della stretta strada asfaltata che conducono a **Monte di Fo'** dalla rotonda. Se dovessi avere difficoltà a trovare il percorso descritto sopra puoi sempre percorrere quella strada facendo attenzione alle automobili.

Alla prima biforcazione del sentiero mantieni la sinistra e fai lo stesso anche a quella successiva circa 800m dopo. Questo tratto di sentiero è caratterizzato da saliscendi continui e irregolari per un totale di 2km.

Fuori da quest'ultimo ti troverai sulla **SS65 Via Nazionale**. Svolta a destra lungo un sentiero che costeggia la strada per arrivare dopo 350m a **Monte di Fo'**.

Nel caso la tua meta fosse invece **Santa Lucia** prosegui con grande attenzione lungo **Via Nazionale** in direzione sud. Dopo poco più di un chilometro sarai arrivato a destinazione.

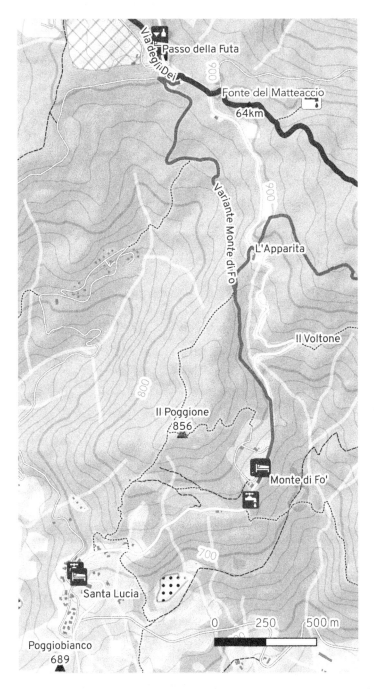

Passo della Futa

Via degli Dei

Fonte del Matteaccio

64km

Variante Monte di Fo

L'Apparita

Il Voltone

Il Poggione
856

Monte di Fo'

Santa Lucia

Poggiobianco
689

0   250   500 m

SEZIONE 7. Passo della Futa →

Dal Passo della Futa inizia un altro tratto di percorso davvero bello ma non privo di difficoltà. La salita a tratti molto ripida ti porterà su un crinale immerso nella faggeta dove il vento soffia forte quasi tutto l'anno e dal quale potrai ammirare il maestoso paesaggio dell'Appennino. Sarà possibile anche salire in cima a Monte Gazzaro (1125m). Sconsiglio di salire con condizioni meteo avverse ma di percorrere il sentiero per mtb che rimane in costa sotto le pendici del monte.

Nel caso ti fossi fermato a **Monte di Fò** per ricongiungerti con il percorso sarà necessario salire lungo il sentiero percorso il giorno prima fino ad arrivare alla località **L'Apparita**. Per riuscire nella facile impresa al primo bivio del sentiero manterrai la destra.

Da questo piccolo agglomerato di case prendi il sentiero **Cai 00 (Grande Traversata Appenninica)** che in salita ti porterà dopo 1,7km sulla Via degli Dei.

Se invece avessi deciso di pernottare al **Passo della Futa** o di continuare, oltrepassa la rotonda tenendoti alla sua sinistra e svolta a sinistra. Dopo pochi metri troverai l'imbocco del sentiero alla tua destra. Questo prosegue in salita per 1,4 km per poi spianare leggermente.

Continua con un po' di saliscendi e ancora una breve salita fino ad arrivare ad un bivio. A sinistra puoi salire sulla cima di **Monte Gazzaro** (sconsigliato in caso di pioggia o forte vento) con poi il conseguente tratto di discesa con ripidi gradini. È presente una fune metallica con la quale è possibile aiutarsi in caso di fondo scivoloso ma non è considerabile una ferrata. Nel caso non volessi salire prendi il sentiero a destra. Quest'ultimo rimane in costa ed è più dolce.

Sant'Agata

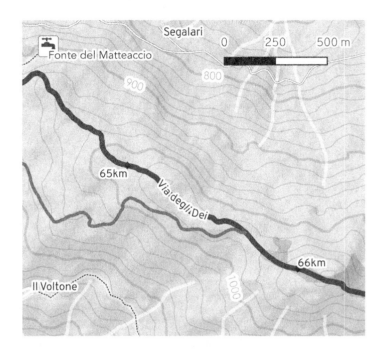

Se stai scendendo dalla cima di **Monte Gazzaro** ricorda al primo bivio di tenere la destra per evitare di risalire a Monte il Poggiolino.

Entrambe le strade (dalla cima o la deviaizone in costa) portano ad una fonte in località **Paracchia**. Per raggiungerla dal sentiero basso basterà salire di qualche metro a sinistra in corrispondenza del palo con numerose indicazioni segnaletiche. Mentre se sei sceso da **Monte Gazzaro** la troverai alla tua destra riparata dalla vegetazione

La fonte è un ottimo posto dove fare una piccola sosta anche perché in una zona riparata dal vento, cosa che il **Passo dell'Osteria Bruciata** 600m dopo non è affatto.

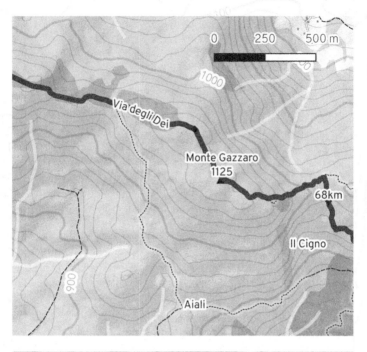

La leggenda

Storicamente questo passo è stato uno snodo commerciale importantissimo nel tredicesimo secolo, il quale però venne poi soppiantato dal **Passo del Giogo**.

Il nome deriva da una leggenda che narra di un'osteria dove talvolta i pellegrini o i viandanti isolati venivano uccisi notte tempo dalla famiglia dell'oste. Poi, come nel peggiore film dell'orrore, venivano serviti come spezzatino agli avventori del giorno seguente.
Sempre la leggenda narra che un monaco proveniente da **Bologna**, fermatosi all'osteria si accorse che dalla forma di un osso che la carne era appunto umana. Se ne fece dare un pezzo e la portò ai gendarmi che assediarono la locanda e la bruciarono con la famiglia dell'oste all'interno.

La verità storica è meno avvincente: sembra che il nome derivi in realtà da un vecchio edificio in rovina con tracce di incendio in documenti del 1585.

Al **Passo dell'Osteria Bruciata** si possono imboccare numerosi sentieri, per non confonderti, prendi quello più a destra rispetto al sentiero dal quale arrivi.

Da qui proseguirai per uno dei tratti a mio avviso più duri psicologicamente della Via degli Dei. Una lunga discesa di 9 km dove perderai quasi 700m di dislivello, lungo inviniti tornanti e tratti più pinaeggianti.

Non ci sono deviazioni strane a cui si debba prestare particolare attenzione, tranne che per il bivio che conduce a **Sant'Agata**. È chiaramente segnalato e consente, imboccando il sentiero di sinistra, di arrivare direttamente al paese. Mentre con il sentiero di destra di tagliare completamente l'abitato e di poter così arrivare all'incrocio con la stata provinciale 37 dove lungo **Via Gabbiano** continua la Via degli Dei.

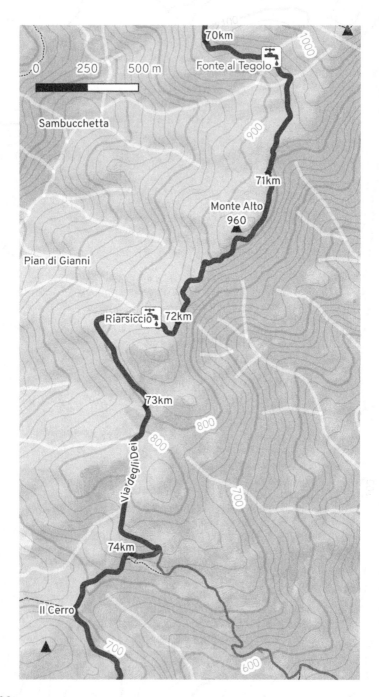

70km
Fonte al Tegolo
1000
Sambucchetta
900
71km
Monte Alto
960
Pian di Gianni
Riarsiccio 72km
73km
800
800
Via degli Dei
700
800
700
74km
Il Cerro
700
600

0   250   500 m

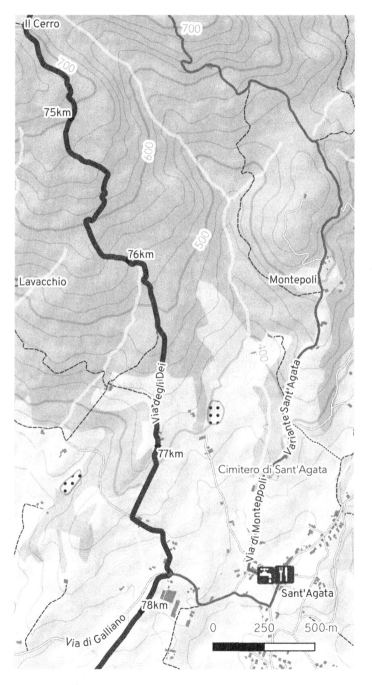

Il Cerro

700

700

75km

600

76km

500

Lavacchio

Montepoli

400

Via degli Dei

Variante Sant'Agata

77km

Cimitero di Sant'Agata

Via di Monteppoli

Sant'Agata

78km

Via di Galliano

0   250   500 m

Sant'Agata del Mugello

Sant'Agata del Mugello non ha un'origine ben documentata ma sono state trovate tracce di manufatti etruschi che attestano comunque la presenza di un insediamento molto antico. Probabilmente data la sua posizione strategica come crocevia.

Anche i romani hanno lasciato le loro tracce nei pressi di **Sant'Agata** sotto forma di insediamenti rurali, di attività manifatturiere, come le cinque fornaci per laterizi e vasellame rinvenute in zona.

La prima chiesa del paese è risalente al V secolo la quale venne poi sostituita dato l'aumento demografico ed economico all'inizio dell'Alto Medioevo. Con la fondazione di **Scarperia** in seguito all'abbattimento di Montaccianico e l'apertura della nuova transappenninica attraverso il Passo del Giogo, S.Agata perse la sua importanza strategica di luogo di transito e rimase per secoli un piccolo villaggio rurale sovrastato e protetto dalla sua monumentale Pieve.

Mangiare

Nella piccola **Piazza della Libertà** sono presenti l'**Osteriola** (alimentari, trattoria, bar) e un piccolo alimentari. Entrambi molto serviti. **L'Osteriola** è un ottimo punto dove pranzare o cenare!

Dormire

Sono presenti alcuni b&b sia in paese che lungo la strada che scende da **Montepoli**. Inoltre se hai la tenda nel parco del circolo sportivo è tollerato il bivacco notturno.

Acqua

Sempre in piazza e nel parco del circolo sportivo è presente una **fontana**. Non c'è modo di riempire nuovamente la borraccia per i prossimi 8km fino a San Piero a Sieve.

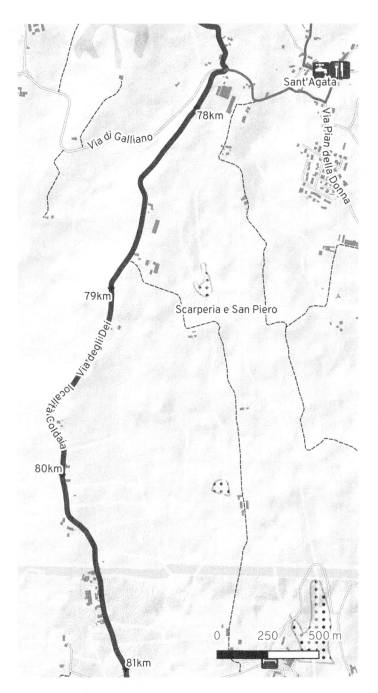

Sezione 8. Sant'Agata

Sezione breve è anche un po' monotona se non fosse per il paesaggio costituito da dolci colline e file cipressi in lontananza. Se la vista scendendo da Monte Gazzaro ti ha dato l'impressione di avvicinarti alla Toscana, ora ne sei completamente avvolto.

Se ti fossi fermato o più semplicemente avessi fatto una pausa a **S.Agata**, per ricongiungerti con il sentiero ti basterà uscire dalla piazza principale in direzione sud. Una volta giunto sulla **SP37** svolta a destra, attraversa un ponte e dopo una breve salita sarai giunto di nuovo all'incrocio con la Via degli Dei che prosegue a sinistra su una strada bianca, **Via di Gabbiano**.

Quest'ultima prosegue sempre dritta per 6,2km quasi sempre in discesa, senza deviare mai, diventando asfaltata dopo circa 2km. Nei mesi estivi questo tratto può mettere a dura prova anche i camminatori più resistenti quindi sconsiglio di affrontarlo durante le ore più calde.

Terminato questo lungo tratto a volte anche un po' monotono, ti troverai davanti a alla **strada provinciale 129** con il rumore delle macchine che ti accoglie all'entrata del primo (e unico) grande centro abitato lungo il percorso.

Qui le indicazioni potrebbero essere confuse sulla carta e anche sul luogo con la segnaletica. Nel caso dovessi "perderti" dovrai puntare al centro del paese, non potrai sbagliarti.

Attraversa la strada con molta cautela e prosegui lungo **Via Le Mozzete**. Svolta alla prima a destra e prosegui dritto. Continua sul camminamento pedonale e ciclabile passando alla sinistra del centro sportivo.

Svolta poi a destra per imboccare il ponte sospeso sul Sieve. Qui attraversa il parco in direzione sud-ovest, raggiungi **Via Paolina Romagnoli** verso destra poi

→ San Piero a Sieve

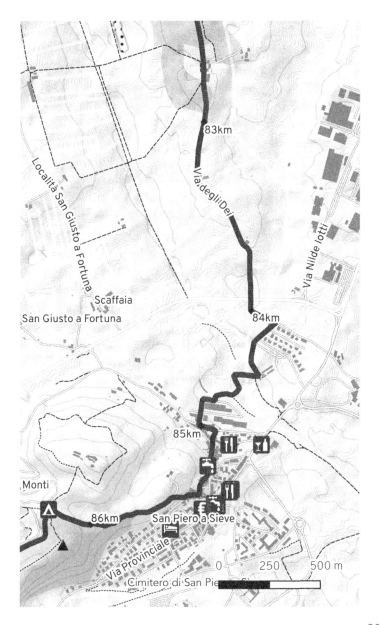

83km

Via degli Dei

Località San Giusto a Fortuna

Via Nilde Iotti

Scaffaia

San Giusto a Fortuna

84km

85km

Monti

86km

San Piero a Sieve

Via Provinciale

Cimitero di San Piero a Sieve

0   250   500 m

prendi la prima a sinistra e successivamente la seconda a sinistra per arrivare su **Viale Roma**. Ci sei quasi. Dopo 100m svolta a sinistra su **Via di Portavecchia** e sarai finalmente arrivato in piazza!

Dopo giorni in mezzo agli Appennini, **San Piero a Sieve** sarà una visione paradisiaca o caotica (dipende dai punti di vista). Pieno di posti dove mangiare e dormire: un paese a misura di camminatore.

E per non farsi mancare nulla una **Crai** all'entrata del paese.

San Piero a Sieve

Il paese di **San Piero a Sieve** si trova nella piana del fiume Sieve. Anticamente insediamento Etrusco divenne poi importante nodo stradale. Si trova in una posizione tanto privilegiata che su una delle cime (**Trebbio**) i medici fecero costruire un loro castello.
È il paese più grande che i camminatori incontrano oggi sulla Via degli Dei.

Mangiare

Sono numerosi i ristoranti, le trattorie e le pizzerie. Tra i più famosi: **Bonaugo**, **Osteria all'Aglione**, **Osteria di San Piero** e l'**Regolo**.
Troverai anche numerosi bar specialmente attorno alla piazza principale: **Piazza Colonna**.

Dormire

Sono presenti numerosi b&b e affittacamere tutti ottimi per passare la notte. Vi rimando alla tabella all'inizio della guida visto l'elevato numero. Ci sono opzioni anche sulla strada tra **Sant'Agata** e **San Piero** oltre che poco dopo il paese.

Tenda

Circa 1km oltre il pese potrai trovare il **Camping Mugello Verde** con posti tenda e bungalow.

Acqua

Sono presenti numerose fontane, una in piazza e l'altra qualche passo prima della salita che lascia **San Piero**.

Alimentari e supermercati

A **San Piero a Sieve** c'è l'unico supermercato di tutto il percorso. Si tratta della **Crai** all'inizio del paese davanti alla rotonda dopo il ponte della provinciale che attraversa il **Fiume Sieve**.

Di grande qualità la **Salsamenteria** in Piazza Colonna.

È importante ricordare che da **San Piero a Sieve** a **Fiesole** non c'è modo di comprare da magiare a meno che il bar di **Monte Senario** sia aperto o che ci si fermi a **Bivigliano**. In caso contrario sarà necessario comprare qualcosa per l'ultimo tratto di percorso.

Trasporti

San Piero a Sieve è anche l'unico paese con stazione dei treni collegata direttamente a **Bologna** e **Firenze**.
Per questo in caso di necessità è possibile arrivare direttamente a Firenze.
È inoltre collegata con l'autobus a Scarperia, **Galliano**, **Borgo San Lorenzo** e **Panna**.

Sezione 9. San Piero a Sieve → Bivigliano

Questo tratto di percorso è molto breve ma per questo non privo di intensità. Una volta lasciato San Piero a Sieve ti troverai a dover salire fino al borgo di Trebbio, sede di un imponente castello Mediceo. Il sentiero proseguirà poi in discesa fino a tornare in valle, dove troverai il piccolo centro abitato di Tagliaferro a ridosso della ferrovia.

Per lasciare **San Piero a Sieve** prendi come punto di riferimento la Piazza principale e prendi **Via dell'Antica Posta** verso sud-ovest, passando tra caratteristiche vie medievali.

Tieni sempre la destra e passa brevemente **Via dei Medici** e infine troverai sulla destra l'inizio in salita di **Via della Fortezza**. È anche presente una fontana dove poter ricaricarsi di acqua.

Imbocca la ripida via per poi, poco dopo lasciartela alle spalle per continuare su una strada sterrata. Questa prosegue in salita per 600m fino ad un bivio. Svolta a sinistra e prosegui per 1 km di saliscendi. Stai passando dietro il **Camping Mugello Verde**.

Dopo un altro chilometro e aver passato alla tua destra un vigneto, ti troverai ben presto davanti alla **strada statale 65**.

Con tantissima attenzione devi attraversarla e tenere la sinistra per poi svoltare subito a sinistra dove sono presenti i cartelli per **Spugnole** e **Trebbio**.

Qui la strada inizia a salire decisa e ripida per 1,8km e 180m di dislivello positivo. Non mollare che la cima di **Trebbio** è vicina!
Sconsiglio caldamente di affrontare la salita nelle ore più calde dei mesi estivi perché l'azione combinata

dell'esposizione al sole e della strada bianca sterrata rendono questa salita un vero e proprio forno.

La vista collinare della valle del **Sieve** che scorre alla tua sinistra rende la salita piacevole anche se fisicamente impegnativa.

Poco dopo aver passato una doppia fila di cipressi puoi iniziare a tirare un sospiro di sollievo. La meta sarà davvero vicina quando giungerai alla vista di un alto muro di pietra. Si tratta del muro che delimita la villa medicea poco sopra, ciò vuol dire che sei arrivato in cima.

Acqua

A **Trebbio** c'è un ampio prato davanti alla chiesa dove potersi fermare per una pausa all'ombra dei cipressi in estate o a prendere il sole inverno. Trovi anche una fontana dove fare acqua, cosa molto importante dato che la prossima fonte si trova a **Monte Senario.**

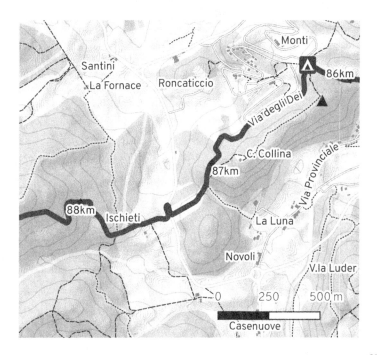

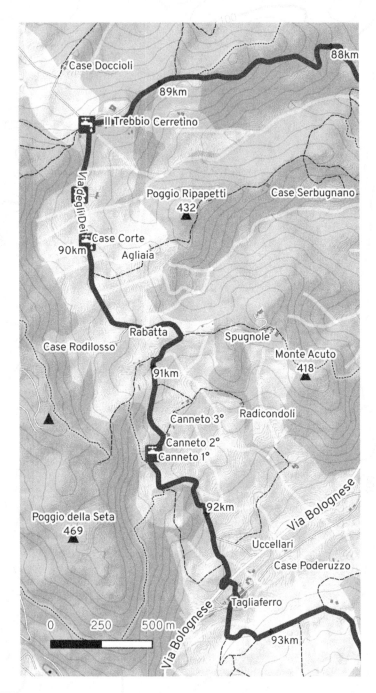

Curiosità

Come ormai avrai capito, tutto il percorso della Via degli Dei passa attraverso importantissimi antichi snodi viari. **Trebbio** non è da meno: antico baluardo difensivo di un trivio di strade etrusche e romane, oggi si presenta come un piccolissimo borgo dove svetta la **Villa Medicea** del 1309 ad opera dell'architetto fiorentino **Michelozzo Michelozzi**.

Vi soggiornarono **Amerigo Vespucci** e ci lavorò **Botticelli**. Passò molte proprietà: da **Giovanni delle Bande Nere** fino ai Padri Filippini, per finire nel 1936 in possesso del dott. **Enrico Scaretti**, un banchiere romano.

Il castello è visitabile da aprile a ottobre prenotando al numero +39 339 3029697 per gruppi di 20-30 visitatori.

Il percorso prosegue per 3km e 300m di discesa lungo la strada bianca a sinistra della fontana.

Il percorso non presenta difficoltà, basterà seguire la strada principale e all'unico bivio, quasi sulla strada provinciale, basterà prendere il sentiero a destra.

All'arrivo sulla provinciale non farti tentare dalla fermata dell'autobus (che potrai sempre prendere in caso di bisogno), ma attraversa con grande attenzione e prosegui a sinistra per 50m per ritrovare i la segnaletica che indica di scendere a destra lungo una scaletta di cemento.

Eccoti a **Tagliaferro**. Qui ci sono un paio di b&b e può essere un ottimo punto tappa se si desiderava allungare di qualche chilometro la strada oltre **San Piero a Sieve**.

In caso di estrema necessità è possibile arrivare a tagliaferro camminando sulla strada provinciale. È però molto pericoloso e non offre niente di bello da vadere.

SEZIONE 10. Tagliaferro → Bivigliano

Questo è forse di uno dei tratti dove' è più facile perdersi in tutta la Via degli Dei, quindi presta tantissima attenzione alla segnaletica e alla descrizione del percorso. Oltre a questa insidia ti aspettano due delle salite più dure e belle di tutto il percorso.

Prosegui dritto per la via appena imboccata scendendo la scala e all'incrocio svolta a destra. Prosegui fino all'angolo di un muro a secco e svolta a sinistra. Dopo pochi metri attraversa il ponte sopra il **Torrente Carza** e prendi il primo sentiero che incontrerai a sinistra. In molti sbagliano e vanno dritto.

Il sentiero prosegue in salita passando sotto la ferrovia e dopo 200m ritorna su una strada bianca. La Via continua a sinistra per 400m e poi al bivio successivo a destra. Il sentiero sale di 200m senza variazioni per 2,2km alla fine dei quali al bivio devi prendere lo stretto sentiero che entra nel bosco a destra.

Curiosità

Badia del Buonsollazzo come, il suo nome, ha una storia particolare. Questo deriva dall'aggettivo Bono-Solatio ovvero "ben soleggiata" e la tradizione vuole che venne edificata prima dell'anno mille. Si sono alternati momenti di splendore a momenti di declino fino alla completa ricostruzione nel 1700.

Nel 2004, passata dai Camaldolesi ad un imprenditore padovano, sembrava che la sua sorte fosse quella di diventare un albergo, ma il progetto venne accantonato. Oggi a poco meno di 3 milioni di euro l'intero complesso potrebbe essere tuo!

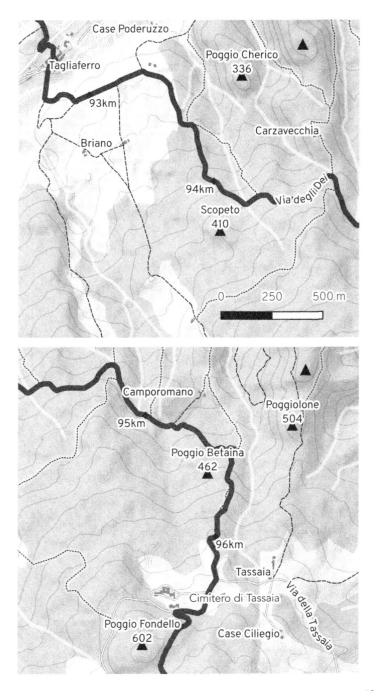

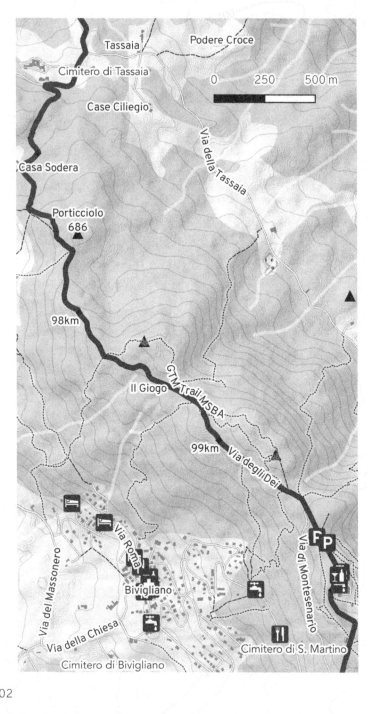

Tassaia

Podere Croce

Cimitero di Tassaia

0   250   500 m

Case Ciliegio

Via della Tassaia

Casa Sodera

Porticciolo
686

98km

Il Giogo

GTM Trail MSBA

99km   Via degli Dei

Via Roma

Via del Massonero

Bivigliano

Via di Montesenario

Via della Chiesa

Cimitero di S. Martino

Cimitero di Bivigliano

Questo tratto di sentiero può confondere per via del gran numero di piccole varianti. Tutte quante però conducono nella stessa direzione. Dopo altri 100m di dislivello in salita ti ritroverai su **Via della Tassaia** con alla tua destra i resti di **Badia del Buonsollazzo**.
Superata Badia del Buonsollazzo prendi Via della Tassaia a destra e prosegui per 300m fino a incontrare sulla sinistra una sentiero in salita. Può sembrare strano ma troverai appeso tra due alberi un grande cartellone. Ricordo della ultra trail che si disputa ogni anno sulla Via degli Dei e che recita: "Superato il Purgatorio ammirate il Paradiso"

Deviazione

Se il tuo obiettivo è quello di arrivare a Bivigliano ti consiglio di continuare in discesa lungo **Via della Tassia** per 2km fino all'incrocio con **SP103** dove dovrai svoltare a sinistra per altri 800m fino al **Camping Poggio degli Uccellini**. Per arrivare a Bivigliano dovrai proseguire per un altro chilometro.
Lì sono presenti alcune strutture e un ristorante pizzeria.

Questa salita è una delle più belle della Via degli Dei, immersa completamente nel bosco. Il sentiero sale per 1,7km e 163m di salita. La segnaletica è molto vistosa e non c'è pericolo di perdersi. Al termine di questo tratto, nel punto in cui il sentiero spiana troverai un quadrivio. Continua sempre dritto in cresta per 1,3km in leggera salita.

La cresta è dominata da abeti, alcuni dei quali sono stati abbattuti dal forte vento che spesso soffia su queste cime. Prova a volgere lo sguardo a sud: in lontananza tra gli alberi, è già possibile vedere il profilo iconico della **Cupola del Brunelleschi**. Si inizia a vedere **Firenze**!

Poco prima di incontrare la strada asfaltata che conduce a Monte Senario troverai una ordinata abetaia e poi un cancello. Questo è un ottimo spot dove piantare la tenda vista la vicinanza con il **Santuario di Monte Senario** e la sua **fontana**.

SEZIONE 11.
Bivigliano → Fiesole

Se pensavi che le salite fossero finite quest'ultimo tratto purtroppo dovrà smentirti. Poggio Pratone è l'ultima cima da conquistare prima della lunga e in gran parte asfaltata discesa fino a Fiesole. La vista, nei giorni più tersi ti farà pregustare l'arrivo a Firenze. Forse fin troppo presto...

Curiosità

Il **Santuario** venne fondato 1234 da sette nobili fiorentini che ricercavano un luogo dove ritirarsi a vita eremitica. I sette fondarono l'ordine dei Servi di Maria, questo negli anni sucessivi si espanse moltissimo accogliendo numerosi membri. Ancora oggi ne conta più di mille.
I frati tutt'ora residenti a Monte Senario producono dal 1865 un liquore con estratto di Abete Bianco chiamato Gemma d'Abeto. Da provare!

Anche se sembra di essere giunti a destinazione dovrai fare altri 400m in salita per raggiungere il **Santuario**. Prestando attenzione alle auto che salgono e scendono soprattutto il sabato e la domenica.

La Via degli Dei prosegue in discesa lungo il sentiero alla destra del Santuario. Dopo una prima curva a destra, il sentiero selciato scende dritto tra un bosco di abeti bianchi per poi giungere ad un piccolo parcheggio.

È possibile svoltare a sinistra lungo il sentiero per dare un'occhiata all'ex ghiacciaia e poi di nuovo o destra per ricongiungerti con la strada asfaltata. Oppure prendere direttamente quest'ultima a destra e poi a sinistra all'incrocio con **Via di Montesenario**.

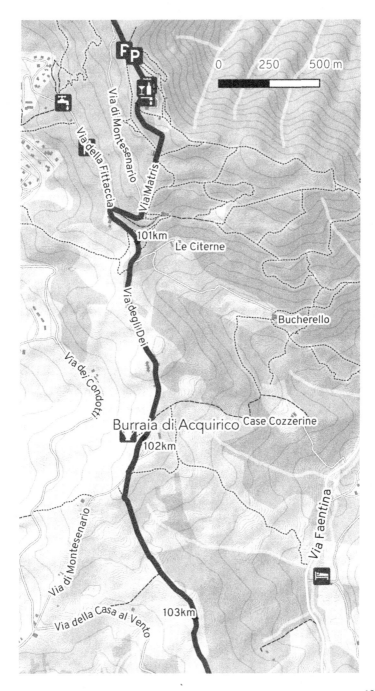

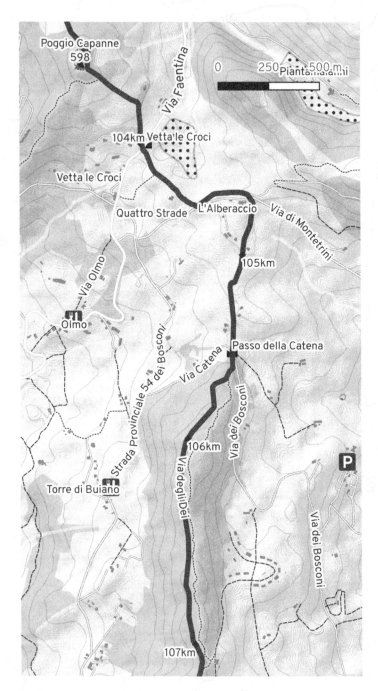

Poggio Capanne
598

Via Faentina

0   250   500 m
Piantamaldini

104km Vetta le Croci

Vetta le Croci

Quattro Strade   L'Alberaccio   Via di Montetrini

105km

Via Olmo

Olmo

Strada Provinciale 54 dei Bosconi

Via Catena   Passo della Catena

106km   Via dei Bosconi

Via degli Dei

Torre di Buiano

P

Via dei Bosconi

107km

Prosegui su asfalto in discesa per 1,4km. 150m a sinistra di un ampio prato panoramica troverai nuvamente il sentiero. Questo passa tra i cespugli di rosa caninca prima di emergere in un ampissimo pratone.

Il sentiero prosegue in discesa e poi infine con una piccolissima salita per tagliare il fianco di Poggio Capanne.

Strane curiosità

Poco dopo la discesa da **Poggio Capanne** è possibile, nei giorni ventosi, sentire il suono di tanti piccoli campanelli. Sta a te scoprire da dove viene.

Il sentiero scende per 500m per incrociare poi la strada regionale **Via Faentina**. Attraversala e prosegui dritto lungo il sentiero dall'altra parte della strada. Questo taglia un campo di arbusti e rovi per 400m prima di arrivare su **SP84**. Qui attraversa la strada e prendi **Via Masseto** davanti alla tua sinistra per la località **L'Alberaccio**.

Dopo 450m la strada si interrompe e inizia un sentiero che nei periodi più umidi è estremamente fangoso. Questo prosegue per 750m di saliscendi davvero poco piacevole in condizioni fangose per arrivare al **Passo della Catena** nell'incrocio con **Via Catena**.

Hai davanti a te l'inizio dell'ultima vera salita della Via degli Dei!

Questa è parecchio lunga, ben 3,7km e 222m di dislivello positivo oltre che 70m di dislivello negativo. La cosa che rende molto stancante questa salita dal punto di vista mentale è il fatto che in realtà sono ben due salite separate!

La prima è breve, seguita da un tratto di saliscendi, mentre la seconda da un ultimo strappo più consistente e faticoso. Il sentiero è molto chiaro e in caso di dubbio tieni la destra. Questa era l'ultima vera salita della Via degli Dei sei finalmente in cima a **Poggio Pratone**!

Ora inizia la lunga e stancante discesa verso a **Fiesole**.

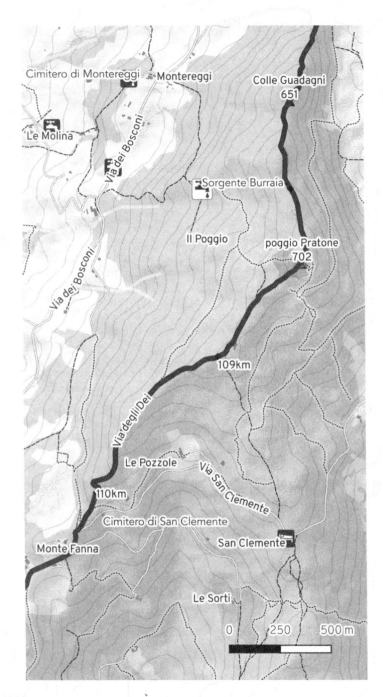

Cimitero di Montereggi · Montereggi

Colle Guadagni
651

Le Molina

Via dei Bosconi

Sorgente Burraia

Il Poggio

poggio Pratone
702

Via dei Bosconi

109km

Via degli Dei

Le Pozzole

Via San Clemente

110km

Cimitero di San Clemente

San Clemente

Monte Fanna

Le Sorti

0   250   500 m

Dalla cima di **Poggio Pratone** prendi il sentiero che punta verso i ripetitori a sud-ovest.

Lì troverai una strada bianca che serpeggia in discesa per 1.3km fino ad incrociare **Via San Clemente**. Da qui in poi non ci saranno più sentieri veri e propri, ma solo asfalto fino a **Firenze**. Questo ulteriore fattore rende anche quest'ultimo tratto di Via degli Dei da non sottovalutare, specialmente se nel frattempo ti è venuta qualche vescica.

Prosegui su **Via San Clemente** sempre verso sud ovest in discesa per 1.8km fino a congiungerti con la strada provinciale 54 **Via dei Bosconi**.
Qui presta grande attenzione alle auto, dato che devi percorrere un tratto di questa strada verso **Fiesole**. Per la precisione 600m cercando di stare sempre sul lato sinistra, dove in realtà è presente un po' di spazio per camminare.

Ti trovi finalmente davanti al cartello del **Comune di Fiesole**!

Il segno della Via degli Dei indica di salire su una breve ma ripida salita alla tua sinistra. Anche se può sembrare allettante tagliare lungo la provinciale, te lo sconsiglio. È molto stretta e ricca di curve cieche, oltre che parecchio trafficata. Per evitare quindi questo tratto, ma per poter comunque arrivare a **Fiesole** e percorrere la via panoramica verso **Firenze** è necessario imboccare questa salita.

Alla fine di **Via Pieramonda** (quella appena attraversata) prendi **Via Corsica** e poi **Via Francsco Poeti** per tornare verso il centro di **Fiesole** dove ti aspettano tanti bar e una fontana dove poterti finalmente concedere un po' di riposo.

Il percorso ufficiale della Via degli Dei invece di passare dal centro di Fiesole fa risalire fino a **Monte Ceceri**, per poi ridiscendere fino a **Viale Augusto Righi** nella parte nord est di Firenze. Quella che vi propongo è una variante diventata con il tempo ufficiale molto panoramica e caratteristica passando da **Via Vecchia Fiesolana**.

SEZIONE 12.
Fiesole → Firenze

Da **Piazza Mino da Fiesole** attraversa la rotonda e svolta a sinistra stando sul marciapiede a destra.

Devi imboccare **Via Vecchia Fiesolana**, si trova esattamente di fronte a te. Uno scorcio unico si sta per aprire davanti ai tuoi occhi, incastonato tra i muri della via che scende ripida. Non ti faccio spoiler perché vale la sorpresa vale davvero la pena.

Prosegui lungo la via in discesa per un chilometro stando sempre su **Via Vecchia Fiesolana** fino ad arrivare lungo **Via Giuseppe Mantellini**. Tieni la destra e prosegui fino a prendere sulla destra **Via Glovanni Boccaccio**.

Davanti a te svetta il primo cartello con la scritta **Firenze**!

Continua su Via Boccaccio per 2,5km passando di fianco all'imponente tenuta di **Villa Palmieri** e poi costeggiando il **Torrente Mugnone** fino alla rotonda della stazione di **Firenze le Cure**.

Prendi il sottopassaggio per uscire in **Viale Don Giovanni Minzoni** che devi percorrere per 600m mantenendo la sinistra e oltrepassando i portici che danno su **Porta San Gallo**.

Attraversa la strada e imbocca **Via La Marmora** che dopo 300m diventa **Via La Pira**. Altri 800m dove in lontananza si fa sempre più visibile la cupola e sarai arrivato in **Piazza del Duomo**!

Ti mancano gli ultimi 400m lungo **Via dei Calzaluoli** facendoti largo tra i turisti, sarai finalmente in **Piazza della Signoria**.

Complimenti per aver concluso la Via degli Dei!

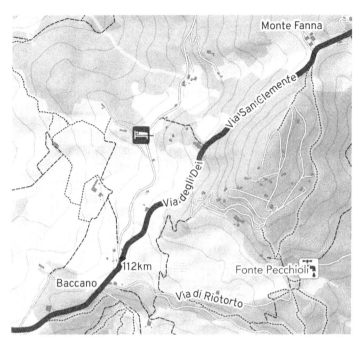

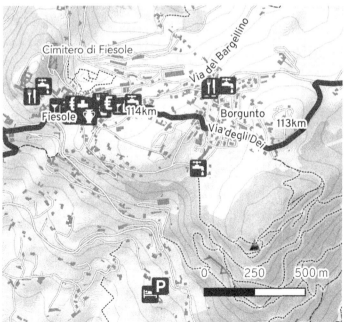

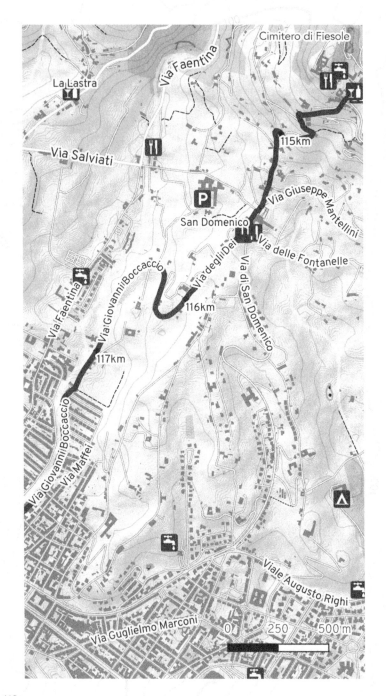

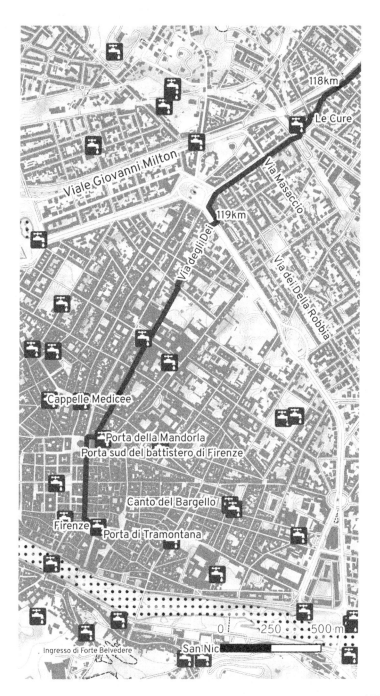

118km

Le Cure

Via Masaccio

Viale Giovanni Milton

119km

Via degli Dei

Via dei Della Robbia

Cappelle Medicee

Porta della Mandorla

Porta sud del battistero di Firenze

Canto del Bargello

Firenze

Porta di Tramontana

Ingresso di Forte Belvedere

San Nic

0   250   500 m

E ora?

Corri a prendere il treno!!

Scherzo. Rilassati in Piazza, va a mangiare qualcosa, ritrova i compagni di cammino. Insomma goditi il meritato arrivo a Firenze. Avrai modo di ripensare a tutto quello che è successo durante il viaggio di ritorno.

La fine di un trekking può essere motivo di grande gioia e orgolgio ma dopo?

È facile farti prendere dallo sconforto e dalla nostalgia per questo inizia a organizzare il prossimo trekking, mantieni i contatti con le persone che hai incontrato lungo il cammino e mantieni alte le energie.

Se questo è stato il tuo primo trekking di più giorni, magari in tenda, questo è solo l'inizio. Davanti a te hai un'incredibile mondo da scorpire.

Oltre al mio sito (www.walkingnose.com) e il mio canale Youtube ti consiglio di seguire anche **The Art of Backpacking, Stefano Marchi e Omar Cai Salatissimo** per farti ispirare nelle tue prossime avventure.

Buoni trekking!

Ringraziamenti

Questa guida non sarebbe potuta nascere senza di te che hai deciso di percorrere la Via degli Dei. Quindi ti ringrazio di aver intrapreso questo viaggio e di aver acquistato questa guida.

Indispensabile l'aiuto delle affilate critiche di Giulio, senza il quale questa guida sarebbe davvero brutta da vaedere. Grazie anche a Barbara per aver pazientemente corretto il testo che avevo minato di errori.

Grazie a tutti coloro che ho incontrato durante questi anni lungo la Via degli Dei. L'avete resa un trekking speciale.

Printed in Great Britain
by Amazon

37641444R00076